Romance E

ROSA

LA TER

VÍCTIMA FATAL

João Duarte De Castro

Espíritu

António Carlos

Por la psicografía de

VERA LÚCIA MARINZECK DE CARVALHO

Traducción al Español:

J.Thomas Saldias, MSc.

Trujillo, Perú, Mayo, 2021

Título Original en Portugués:
"Rosana a Terceira Vítima Fatal"
© Vera Lúcia Marinzeck de Carvalho
João Duarte De Castro, 1992

Revisión:
Vanessa Salvador Neciosup

World Spiritist Institute
Houston, Texas, USA
E–mail: contact@worldspiritistinstitute.org

De la Médium

Vera Lúcia Marinzeck de Carvalho (São Sebastião do Paraíso, 21 de octubre –) es una médium espírita brasileña.

Desde pequeña se dio cuenta de su mediumnidad, en forma de clarividencia. Un vecino le prestó la primera obra espírita que leyó, "El Libro de los Espíritus", de Allan Kardec. Comenzó a seguir la Doctrina Espírita en 1975.

Recibe obras dictadas por los espíritus Patrícia, Rosângela, Jussara y Antônio Carlos, con quienes comenzó en psicografía, practicando durante nueve años hasta el lanzamiento de su primer trabajo en 1990.

El libro "Violetas na Janela", del espíritu Patrícia, publicado en 1993, se ha convertido en un éxito de ventas en el Brasil con más de 2 millones de copias vendidas habiendo sido traducido al inglés, español, francés y alemán, a través del World Spiritist Institute.

Del Traductor

Jesús Thomas Saldias, MSc., nació en Trujillo, Perú.

Desde los años 80s conoció la doctrina espírita gracias a su estadía en Brasil donde tuvo oportunidad de interactuar a través de médiums con el Dr. Napoleón Rodriguez Laureano, quien se convirtió en su mentor y guía espiritual.

Posteriormente se mudó al Estado de Texas, en los Estados Unidos y se graduó en la carrera de Zootecnia en la Universidad de Texas A&M. Obtuvo también su Maestría en Ciencias de Fauna Silvestre siguiendo sus estudios de Doctorado en la misma universidad.

Terminada su carrera académica, estableció la empresa *Global Specialized Consultants LLC* a través de la cual promovió el Uso Sostenible de Recursos Naturales a través de Latino América y luego fue partícipe de la formación del **World Spiritist Institute**, registrado en el Estado de Texas como una ONG sin fines de lucro con la finalidad de promover la divulgación de la doctrina espírita.

Actualmente se encuentra trabajando desde Perú en la traducción de libros de varios médiums y espíritus del portugués al español, habiendo traducido más de 160 títulos, así como conduciendo el programa "La Hora de los Espíritus."

ÍNDICE

SOMOS AMIGOS.

Antônio Carlos y Juan Duarte de Castro son dos expertos escritores dedicados al mismo objetivo de educar e instruir a través de la literatura.

Yo, la médium, tuve la gracia, el placer de haber sido la intermediaria de esta amistad y participar en esta interacción fraterna.

Así, los dos escritores, Antônio Carlos en el Plano Espiritual y Juan en el Plano Físico, decidieron escribir una novela juntos.

Le correspondía a Antônio Carlos catalogar un drama vivido y a Juan convertirlo en una novela. Pero siempre hay una trampa en nuestra existencia. Juan fue llamado la verdadera patria. Se desencarnó el 7 de junio de 1992, dejando su trabajo sin terminar.

Un libro es como un hijo, siempre decía nuestro amigo Juan.

El amado hijo regresa a Antônio Carlos para terminar.

Solo fueron los últimos capítulos.

El lector tendrá en estas páginas un hermoso romance de estos dos compañeros y hermanos que ahora disfrutan de esta afectuosa amistad en el plano espiritual. Ciertamente investigando luchas experimentadas con victorias o derrotas en la trayectoria del espíritu humano para transformarlas en romance y continuar con el don divino de la enseñanza.

Agradezco al Padre por la oportunidad de tenerlos como amigos y por poder contribuir de manera modesta en este trabajo.

Vera Lúcia Marinzeck de Carvalho

São Carlos – agosto de 1992

Dedico este libro con todo cariño a Mércia Maria Giusti Vargas

João Duarte De Castro

I
Los Ataques Misteriosos

Una ciudad mediana, un lugar hermoso, tradicionalmente tranquila, con una población pacífica y ordenada. Región compuesta por pequeñas granjas, con mucha gente del perímetro urbano trabajando en el campo.

Allí todos se conocían y todavía existía la simple costumbre de quedarse en la ventana para disfrutar del movimiento de las calles. Por la noche, las familias se reunieron en las aceras, sillas en un semicírculo, para hablar sobre las pequeñas noticias del lugar, comentarios sobre todo y todos en los parámetros de ese pequeño mundo.

Cuando aparecía un extraño o una nueva familia, se mudaba a la zona, era un alboroto porque las noticias tan esperadas parecían alimentar el consiguiente chisme y dar nueva vida a los asuntos cotidianos.

Una isla de tranquilidad, hasta entonces. Sin embargo, la tranquilidad de la ciudad se vio terriblemente sacudida por misteriosos ataques contra las chicas del lugar. Y la antigua paz fue reemplazada por la preocupación, incluso el miedo, especialmente para las familias que tenían jóvenes en medio.

Comenzaron varios ataques contra las jóvenes, sin poder conocer al autor o los autores de los ataques. La policía local, representada por un comisario y un pequeño destacamento, formado por un cabo y media docena de soldados, no pudo capturar o incluso descubrir la identidad de lo anormal. La paz de la comunidad estaba terriblemente perturbada por tal estado de cosas, sin que se pudiera hacer nada concreto o positivo para resolver el drama de la población. Incluso se proporcionó refuerzos policiales y se realizaron rondas, incluso con la participación de varios ciudadanos. Sin embargo, todo en vano.

La región era muy amplia, abierta, con lugares desiertos, lo que hacía imposible hacer una cobertura permanente y garantizar la seguridad.

Los ataques tampoco fueron sucesivos y, curiosamente, mientras la vigilancia estaba activa, ¡no se registraron nuevos casos! Pero fue suficiente para aflojar la guardia... ¡y hubo otro ataque! Siempre contra chicas hermosas y elegidas, de edades comprendidas entre 15 y 18 años, y el proceso de ataque era siempre el mismo: el atacante salía inesperadamente de las sombras, amenazando a las víctimas con un cuchillo, una media de seda femenina escondía su cabeza, y las llevaba a un lugar escondido.

¿Quién sería el infame violador? ¿Hasta cuándo actuaría impunemente? ¿Quién sería la próxima víctima? Éstas eran las preguntas que llenaron todas las mentes de la comunidad una vez pacífica, un tema obligatorio de todas las conversaciones.

Un hecho interesante sobre todo eso: el individuo no pronunció una palabra durante los asaltos, se quedaba mudo... ¡y se iba en silencio! Todo era muy extraño, realmente, reforzando la suposición que debía ser alguien del lugar, conocido, astuto. Si no fuera así, ¿por qué tanto se preocupaba por ocultar la cara y no emitir ningún sonido al atacar? Un extraño ciertamente actuaría más abiertamente, dijo el comisario en sus intentos de argumentar...

Y el jefe de policía en una reunión con representantes de la sociedad que lo presionó para poner un fin en la serie de ataques, solo recomendó cuidados especiales, medidas que, al menos, obstaculizaran la acción del maníaco para obligarlo a ser más audaz. ¡Que las jóvenes no salgan de noche sin compañía, se tuvo muy poco cuidado ante un elemento tan peligroso!

Los padres, aterrorizados, trataron de seguir estrictamente todas las recomendaciones para proteger por todos los medios a sus hijas que hasta ese momento estaban a merced del bandido. Todo estaba perdido, porque siempre había una emergencia, una necesidad esencial y una u otra chica realmente necesitaba salir sola por la noche, cruzar lugares desiertos... ¡y entonces ocurría otro ataque!

No se sabía con certeza cuántos intentos se habían hecho hasta la fecha, incluso eso no podía ser seguro. Resulta que no todas las víctimas registraron una denuncia en la estación de policía. Muchas de ellas preferían guardar silencio para no "caer en la boca de la gente", como decían. Se sabe cómo son esas cosas: una joven violada, en el campo, cuyo honor había sido violentado y que admitiera el hecho públicamente, se perdió, fue marcada, condenada sin remisión.

Aunque todos se declararon apenados y se proclamaron como la niña inocente, una pobre víctima de un desequilibrado, en el fondo, en el fondo, también atribuyeron una parte de la culpa, y luego se hicieron comentarios maliciosos, sigilosamente. "¿Por qué, por qué salir sola por la noche sabiendo la terrible amenaza que flota en el aire?" o "¿No sabía que el monstruo anda suelto, listo para atacar a jóvenes desprevenidas?", o "¿Por qué no gritó, no reaccionó, no se defendió? Quizás incluso estaba buscando..."

Y del juicio malévolo, siguió la condena inevitable: ¡adiós al honor, adiós al respeto, adiós al matrimonio! Muchas familias ya se habían mudado a otros lugares para escapar de la marca, el estigma que les había sucedido a sus hijas, o incluso tratando de mantenerse a salvo. "Cuando las barbas del vecino están en llamas, es bueno poner las tuyas en remojo..."

Pero, después de todo, ¿quién podría ser el violador astuto? La primera hipótesis planteada que debía ser un extraño ya había perdido su consistencia. Primero, porque había pocos recién llegados que aparecieron allí y, segundo, porque todos y cada uno de los extraños que aparecieron fueron objeto de una investigación más rigurosa. Se convocó al extraño para que fuera a la comisaría de policía a hacer declaraciones, tuvo que identificarse, presentar un buen historial, decir lo que se avecinaba, lo que pretendía hacer en el lugar y todo.

Por lo tanto, tal posibilidad se volvió impracticable, un extraño no podría llevar a cabo los ataques. Algunos sospechosos incluso fueron atacados en la movida; sin embargo, fueron liberados después de un nuevo ataque mientras el presunto responsable estaba en prisión... Un enigma, un misterio, un caso de aclaración casi imposible, comentó, ¡aunque sea con el respaldo de la autoridad policial!

También hubo un aspecto llamativo para disipar las sospechas de personas extrañas en el lugar. El culpable debe haber estado allí, parecía conocer a sus víctimas, marcarlas y seguir sus pasos hasta que surgiera la ocasión del ataque. Entonces "¡Nhac!" ¡Había una más para la colección del desgraciado!

La esperanza, en realidad, era que surgiera algún hecho nuevo, alguna pista reveladora, que el miserable violador se equivocara, que alguien pudiera sorprenderlo en plena acción...

II

La Muerte, la primera víctima

Si la ciudad ya estaba alborotada por los misteriosos ataques contra las chicas del lugar, sin otras consecuencias de mayor gravedad, ¡la situación alcanzó un verdadero paroxismo cuando el bandido cometió el primer crimen de muerte...! El desgraciado, aun sin dejar ninguna pista, después de la violación, ¡había asesinado a la niña con un cuchillo afilado, justo en el corazón!

La víctima había sido encontrada la mañana del día siguiente, atada con tiras de su vestido a un árbol. Pedazos de la misma tela estaban atrapados en su boca para que no pudiera gritar pidiendo ayuda.

Si la policía no pudo encontrar ninguna evidencia en el momento que pudiera conducir a la identificación del criminal, al menos pudieron sacar algunas conclusiones más esclarecedoras. ¡Ciertamente, el sinvergüenza era conocido por su víctima, había sido identificado, ella debe haber gritado o al menos haber intentado dar la alarma, y por esa razón, el desgraciado tuvo que eliminarla!

Después de eso, ya no había ninguna duda: el individuo realmente pertenecía a la comunidad misma, era conocido, así que conocía a sus víctimas, ¡además de tener conocimiento de todos los pasos para capturarlo! Satánico, el tipo, e incluso debería estar disfrutando el juego del "gato y el ratón", sabiendo que el ratón nunca se encontraría en esas búsquedas... Y porque no solo conocía los planes, los pasos para identificar como si estuviera seguro de la tierra donde trabajaba, podría actuar con impunidad. Un canalla ingenioso y frío, el maldito violador que ahora también se había convertido en un asesino.

Después del primer crimen, después de la primera víctima fatal, la atmósfera que ya era angustiante se volvió definitivamente irrespirable... El miedo ahora era evidente y declarado, la tensión era tan grande, tan densa, que incluso podía cortarse con un cuchillo... Nadie más trató de ocultar o disfrazar el terror que se había apoderado de todos los habitantes de la región. ¡El bandido resultó ser mucho más peligroso de lo que se pensaba anteriormente, el desgraciado ni siquiera dudó en matar para obtener sus pervertidas y perversas intenciones!

Y si todavía se seguían haciendo bromas entre los lugareños sobre los misteriosos dispositivos del violador, después del primer asesinato, las cosas cambiarían. ¡El malo ni siquiera jugaba ni siquiera en su trabajo! Y lo más aterrador era saber que podía integrar bien las ruedas formadas en barras, esquinas, en todas partes de la ciudad, para comentar sus sórdidas aventuras.

– Pero ¿lo viste? ¡Incluso la fulana entró en el baile! Quién diría...

– ¡Una más en la cuenta del desgraciado...!

– No se puede negar una cosa: ¡el desgraciado tiene buen gusto...!

– De continuar así, no quedará una joven inmaculada... ¡Los muchachos casamenteros que se cuiden...!

Los comentarios hirvieron, las hipótesis se multiplicaron; sin embargo, no se descubrió nada del concreto que devolviera la tranquilidad de la población acorralada...

Y la desconfianza se convirtió en una constante, regla general, todos sospecharon de todos, todos los hombres en el lugar comenzaron a sospechar... ¡hasta que se demuestre lo contrario!

Las conversaciones abiertas y relajadas, la risa franca, definitivamente dejaron de existir allí.

Fue un caos...

III
Otra víctima fatal

Todos estaban aterrorizados en esa comunidad amenazada... Todos excepto Lucila, la joven más bella del vecindario. Realmente hermosa, la cautivadora Lucila; la gracia y la belleza, de común acuerdo, se unieron en ese cuerpo juvenil. Y tantos atributos físicos asociados terminaron haciendo a la niña muy vanidosa, dama de sus encantos femeninos y del imperio ejercido sobre los hombres.

Lucila también era muy provocativa. Sabía cómo explotar su belleza para provocar a los muchachos. Fue un placer para ella darse cuenta que todos los hombres le rogaban una mirada, una sonrisa, una palabra de esperanza...

Cuando pasó por las calles de la ciudad, Lucila provocó comentarios de admiración. ¡Era para detener el tráfico! Todos se detuvieron para mirarla o se volvieron para apreciar a una criatura tan hermosa. Lucila era el dulce más delicioso para los ojos masculinos...

– ¡Qué niña, hombre! ¡Esto no es una mujer, es un monumento!

– Esta es la nuera que mi madre sigue pidiéndole a Dios.

– No, no, esto no es para mí, es demasiada harina para mi camión...

Comentarios como ese siguieron, en tono de broma, pero en el fondo siempre con un tono real. Se sabe cómo es; donde hay humo siempre hay fuego... La verdad es que Lucila era un éxito donde sea que actuara. Y al menos en un sueño, todos los hombres allí alimentaron el deseo oculto de poseer a la bella Lucila.

Como no podía ser, la niña estaba bastante acosada, todos los chicos disponibles querían salir con ella, todos los hombres querían salir con Lucila. La niña era sin duda la sensación de la ciudad.

Y la niña trató de valorar sus atributos físicos, embelleciendo aun más lo que la Naturaleza ya había hecho tan hermosa. Siempre usaba ropa ajustada, siempre aumentaba el escote de la blusa y reducía el largo de la falda, para exponer mejor su exuberante cuerpo. La principal preocupación de Lucila, sin duda, era presumir, presumir, provocar la codicia de los hombres y, en consecuencia, la envidia y los celos de las mujeres...

Lo más interesante es que, en verdad, Lucila era una buena chica, responsable del trabajo, aplicada en sus estudios, una buena hija, cumpliendo con sus deberes. Caritativa, siempre tratando de ayudar a los más necesitados, promoviendo la recolección de ropa usada y alimentos para distribuir a los sectores más pobres de la población. Solo había tenía un defecto muy grave: ¡era excesivamente vanidosa!

Sus padres y parientes, por supuesto, estaban preocupados por este comportamiento frívolo de la joven, pero no sirvió de nada en los consejos y advertencias: Lucila no quería cambiar su forma de ser. Solo respondía que no lo hizo así por maldad, sino solo por el placer de reconocerse a sí misma hermosa y admirada por los hombres y envidiada por las mujeres. Que nadie se preocupe, ella sabía cómo cuidarse y no habría consecuencias perjudiciales para tal procedimiento...

Sin embargo, como no podía ser de otra manera, la preocupación y miedo por la integridad física de Lucila por parte de sus seres queridos, después de todo, había un monstruo sediento de sangre por ahí...

No tenía sentido las advertencias de sus amigas, preocupadas por las actitudes provocativas de Lucila. Le hablaron de los muchos ataques que las chicas del lugar habían sufrido en los últimos meses, enfatizando principalmente la muerte de Adélia. ¡Y debe notarse que muchas de ellas no eran tan hermosas o tan seductoras como Lucila, sino que terminaron sufriendo la terrible restricción en las garras del miserable!

¡Algunas mujeres jóvenes, incluso aquellas que habían pasado por la experiencia dolorosa a manos del degenerado, incluso le rogaron a Lucila que cambiara, que tuviera más cuidado porque solo podía ser blanco del condenado!

– ¡No te vuelvas loca, Lucila! ¡Cuídate, amiga!

Sin embargo, todo en vano. Lucila siempre respondía en tono de broma, tomaba las advertencias como una broma, siempre decía que no se preocupasen por ella, que no le pasaría nada malo...

Sin embargo, la fatalidad se cernía sobre el destino de la bella Lucila y en una noche fatídica, cuando regresó tarde de la escuela tarde, sola, sin compañía, ocurrió con ella lo que sus parientes y amigos temían que sucediera: ¡la chica fue atacada y asesinada por el maníaco sexual! ¡Así, se convirtió en una de las víctimas de la sexualidad enferma y ciega del anormal!

Y por la mañana, la estación de radio local, en una edición especial y en un tono sensacional, dio la terrible noticia: "La policía de nuestra ciudad acaba de ser notificada que en el páramo de la periferia se encontró el cuerpo de otra joven víctima." del misterioso violador. La joven fue asesinada con las mismas características del crimen anterior: ¡una puñalada en el corazón! El cuerpo de la desafortunada joven estaba desnudo y con signos evidentes de violencia sexual. La joven asesinada es Lucila, la joven muy hermosa, conocido en nuestra ciudad por sus inusuales dotes de belleza. ¡¿Hasta cuándo, pregunta esta comunidad aterrorizada, estaremos a merced de este despiadado degenerado sexual?! ¡Con la palabra, los responsables de la seguridad pública!

Los comentarios volvieron a hervir en el lugar que una vez fue tranquilo, todos los habitantes de la ciudad y sus alrededores no han tratado con nada más durante mucho tiempo. ¡El impacto de esa tragedia había golpeado a la población con la fuerza de un puñetazo en el estómago!

Los padres de Lucila sufrieron terriblemente por el nefasto evento. Amigos y toda gente de buena fe, lloró por el triste final de la joven...

La revuelta por la impunidad del degenerado asesino sonó como un grito de desesperación de aquellos que sufren y asustan a las personas que desbordan los límites de lo soportable. ¿No había habido ya demasiados intentos de honrar a las familias locales? ¿Cuántos crímenes se necesitarían para que haya una movilización general contra el perverso matón? ¿Por qué no hubo un estado de calamidad pública y no se enviaron fuerzas policiales a la región para comenzar una guerra sin cuartel contra el maníaco asesino? ¿Cuándo se devolvería la tranquilidad a esa comunidad inerte, impotente e indefensa frente a un loco sediento de sangre?

– ¡¿Hasta cuándo?! – fue la protesta general.

Sin embargo, el triste final de la joven Lucila había generado comentarios encontrados, confirmando una vez más cuán contradictorios son los seres humanos por naturaleza. El mal, la calumnia, la locura son, desafortunadamente, ciertos inquilinos de los corazones de tantas criaturas en esta etapa evolutiva de la humanidad. ¡Cuántos son los que se regocijan en la desgracia de los demás, los que se deleitan en el dolor de los demás! Es precisamente por esta razón que la felicidad humana es tan limitada porque esas letras están en este segmento evolutivo rezagado. A medida que los espíritus se purifican, se encarnan en mundos cada vez más perfectos hasta que se hayan despojado de toda materia, eliminado todas las manchas originadas por errores pasados, para disfrutar eternamente de la felicidad de los espíritus puros, en el seno de Dios. La felicidad de los buenos espíritus consiste precisamente en conocer todas las cosas, no tener odio, envidia, ambición, celos o ninguna de las pasiones que hacen infelices a los hombres. No experimentan las necesidades ni los sufrimientos ni las ansiedades de la vida material. Están felices por el bien que hacen.

Y allí, mientras que la mayoría de la población sentía y lamentaba sinceramente el trágico hecho que la bella Lucila había sido víctima, no faltaron las críticas maliciosas contra la joven asesinada, especialmente por parte de mujeres que, por envidia o celos, no murieron por amor. por la magnífica figura que era la chica. Muchas incluso, aunque íntimamente, se sintieron aliviadas y felices porque siempre vieron a la bella Lucila como una constante tentación a la lealtad de sus hombres y se alegraban por lo que pasó. Muchos no se avergonzaron de culpar a la niña por el hecho sangriento.

"¡Era demasiado tarde...! Celina, dijo descaradamente, una rica heredera que tenía un matrimonio de conveniencia, que enganchó a un apuesto esposo que estaba mucho más encantado por su dote, con la fortuna de la esposa, que apropiadamente con sus dotes físicas o sus valores intelectuales. Fea, torpe y estúpida, ciertamente Celina habría sido una candidata seria para seguir siendo una solterona, si no hubiera sido por su riqueza providencial. Y la mujer rica, fea y sin interés vio a la bella Lucila como una rival permanente, con un activo muy valioso que ningún dinero podría comprar... "¡Afortunadamente, soy libre...! pensó Celina, mientras miraba apasionadamente. Hacia su amable esposo,

Adalberto, quien no ocultó a nadie el hecho que él incluso había dado el famoso "golpe del tesoro..."

Pero no solo Celina estaba haciendo malos comentarios, muchos no se avergonzaron de atribuir toda la culpa a la chica por el hecho sangriento. "¿Por qué – se decía – no era eso exactamente lo que buscaba la exposición con su descaro? Quien la busca, encuentra, ¡así es!"

¡Lo cierto es que la joven, tan hermosa y provocativa, molestó mucho a ciertas mujeres porque los hombres del lugar solo tenían ojos y pensamientos para la desafortunada Lucila!

IV
La tercera víctima fatal

Rosana sería la tercera víctima fatal, pero también sería el escollo para la celebridad. Finalmente, su carrera criminal en violaciones y asesinatos llegaría a su fin. ¡Y el descubrimiento de la identidad del bandido causó no solo asombro, sino una completa estupefacción en todos en la comunidad! Siempre es así: de donde menos se espera viene el culpable. Y como dice la gente sabiamente: "¡Un toro sonso es el que rompe la cerca...!"

Lucila, la bella asesinada, tenía cualidades positivas: era buena hija, buena amiga, responsable en el trabajo y aplicada en sus estudios, preocupada por la situación de los menos afortunados. Ella era una chica demasiado frívola y vanidosa y le dolía mucho.

Rosana fue una joven ejemplar, admirada por todos, mucho más por sus cualidades morales, por su belleza espiritual.

La joven, entonces de 16 años, vivía en una finca cercana a la ciudad. Estaba en octavo de bachillerato y todas las noches hacía el recorrido entre su casa y la escuela, solo acompañada de varios compañeros que también vivían en ese remoto barrio y que estaban estudiando en la escuela estatal del lugar. Todos hacían el viaje de ida y vuelta con mucha calma porque sabían que el pervertido solo atacaba a una chica si no estaba acompañada. ¡Era astuto, el cobarde!

Rosana también era una chica muy hermosa, realmente linda, pero no le daba importancia a la perfección de sus atributos físicos. Era plenamente consciente de que, como todo en la vida, la belleza del cuerpo es transitoria. Y como la vida material es, en general, un soplo – Rosana lo sabía bien – la juventud, así que estoy a solo un bloque de la existencia, más fugaz aún. Cuando menos se esperaba, había juventud y belleza del cuerpo… Rosana se preocupó, de hecho, de la belleza interior porque resiste el paso del tiempo y las intemperies de la vida.

Rosana había perdido recientemente a sus padres en un accidente automovilístico. Solo había estado en compañía de su abuela materna, que ya era anciana y físicamente débil, y de sus dos hermanos pequeños, Juan y Janete, una pareja de gemelos, de solo dos años en ese momento.

Doña Balbina, la abuela de Rosana, pasaba la mayor parte de su tiempo en cama, mereciendo atención médica constante. La joven, mientras estaba en casa, le brindaba toda su atención, contando con la ayuda en las tareas del hogar y la asistencia al paciente, de Marita, una chica que había trabajado para la familia durante mucho tiempo. Durante la semana, la criada dormía en la chacra para que Rosana pudiera asistir a la escuela nocturna. Se iba a la residencia de sus padres los sábados justo después del almuerzo, para regresar el lunes por la mañana. El servicio de la chacra continuaba siendo realizado por el señor Francisco, otro antiguo criado de la casa que tampoco residía en el sitio.

No hubo preocupación por la seguridad de la joven porque solo salía de casa por la noche para ir al colegio, contando siempre con la compañía de muchos compañeros estudiantes, participando así en un grupo unido y ruidoso. Todo fue muy correcto y rutinario, hasta que surge el imprevisto que desencadenó los tristes hechos.

No obstante, ese sábado por la noche, Rosana no tuvo más alternativa que dirigirse sola a la ciudad. La abuela Balbina había empeorado repentinamente su ya precario estado de salud y la joven no dudó en ir lo antes posible en busca del Dr. Sérgio, un médico que atendía a la anciana paciente.

En ese momento, Rosana ni siquiera pensó en el peligro que correría durante el largo trayecto y a altas horas sola, sin ninguna compañía que la protegiera. La joven, dedicada, amorosa y desprendida, solo tenía sus pensamientos fijos en la necesidad de buscar al médico para atender a su abuela.

El tramo más peligroso de la ruta era una curva en el camino cuando el camino bordeaba la ladera de una colina alta. Muy cerca había un pequeño bosque con árboles distantes entre sí, pero lo suficiente como para ofrecer un excelente escondite, especialmente con las sombras de la noche. Por cierto, era una noche muy oscura, con el cielo nublado y sin luz de luna.

Justo a la izquierda en la curva de la colina, había un acantilado que terminaba allí, en medio de rocas de todos los tamaños y tipos. Rosana era muy consciente del peligro que representaba ese gran banco y las terribles consecuencias de una caída en tal situación. Más de una vez, los carros ya se habían desbarrancado desde allí, cuesta abajo, con animales y todo, y, después de rodar por la pendiente rocosa, solo quedaban piezas desiguales.

En una ocasión, incluso un automóvil había caído en ese acantilado cuando un conductor, ciertamente borracho, intentó girar a toda velocidad. El automóvil se convirtió en una pila de planchas retorcidas y el cuerpo del imprudente tuvo que ser removido con la ayuda de herramientas que cortaran los fierros.

Todo esto vino a la mente de la joven en un torbellino mientras se acercaba al lugar. Y no pudo evitar pensar en el peligro, siempre inminente, representado por el maníaco sexual; Rosana, inconscientemente aceleró sus pasos para flanquear de inmediato el bosque y regresar al lugar abierto. Y ella estaba rezando, ya casi desesperada, estaba tan asustada, balbuceando las palabras salvajemente.

Cuando la figura que estaba oculta en las sombras de las lavandas saltó frente a ella, la joven gritó nerviosamente por ayuda con todas las fuerzas que le permitieron estar en un estado de temor. El matón; sin decir una palabra, levantó los brazos tratando de impedir el paso de Rosana, sosteniendo su cuchillo en la mano izquierda. El maldito parecía no tener ninguna prisa, seguro que su víctima había sido condenada irremediablemente.

Con movimientos calculados, trató de sostener el brazo de Rosana con su mano libre, creyendo que ella no le ofrecería ninguna resistencia, como siempre lo había hecho. La presa, paralizada por el terror, queda completamente impotente, como la rana que está bajo el control de la serpiente, incapaz de escapar del poder de imantación del reptil, a pesar de croar lúgubremente, salta a la boca abierta, a su espera, sin fuerzas, hipnotizado.

Sin embargo, el asaltante no contó con la súplica desesperada de la joven. Cuando notó que el gamberro estaba a punto de tocarla, extendió bruscamente su mano derecha hacia la cara de este, rasgando la media de seda usada como disfraz y clavando sus afiladas uñas profundamente en la cara del bandido. Este último no pudo evitar un grito ronco de dolor y, enojado, levantó su brazo armado para golpear a la joven, pero en ese preciso momento se escucharon gritos en las cercanías, por lo que el anormal tuvo que huir en una carrera angustiada.

Una pareja de enamorados que también estaban en el bosque, disfrutando de la soledad del lugar a esa hora tardía para sus intercambios amorosos, escucharon la llamada de ayuda de Rosana y darse cuenta de lo que estaba pasando, dieron la alarma. Había sido suficiente para precipitar la huida del miserable.

Sin embargo, esto no salvó la vida de la joven. Cegada por el terror y en un intento de escapar del ataque, Rosana había corrido inadvertidamente hacia el precipicio, cayendo por la ladera. Los novios solo escucharon su grito penetrante cuando golpeó las rocas cuando comenzó la vertiginosa caída... ¡y nada más! Ni siquiera el ruido sordo de su cuerpo sin vida golpeando debajo se podía escuchar.

La joven Rosana murió: su cuerpo físico, naturalmente; sin embargo, con su muerte prestó un servicio inestimable a aquellas personas que vivían bajo el garrote de un criminal frío, calculador y sediento de sangre. Por lo tanto, fue considerada inmediatamente una mártir bendecida por la comunidad. En el lugar donde se encontró su cuerpo, inicialmente se colocó una cruz de madera, que pronto fue reemplazada por una cruz de hierro con su nombre, edad y fecha del triste evento y una pequeña lápida de mármol con la inscripción: "Rosana, santa víctima del ataque de un asesino desalmado."

Un hecho realmente extraño sucedió en la caída de Rosana y se consideró un milagro. El cuerpo prácticamente no sufrió lesiones importantes, principalmente su rostro estaba intacto, su rostro estaba sereno y parecía estar durmiendo, excepto por el chorro de sangre que goteaba de su boca. Ahora, todos sabían el estado en el que algo quedaba por ese acantilado, carros, el auto, caballos, todo quedaba en ruinas. Y el cuerpo de la joven, de la santa, como se le decía, estaba milagrosamente ileso, ¡como si la caída fuera la altura de cualquier escalón y no una caída en esa tremenda orilla rocosa, roca pura! Lo que es seguro es que el lugar comenzó a ser frecuentado con frecuencia por la gente popular. Luego, una mujer angustiada por la enfermedad de su hijo dijo que había logrado alcanzar la gracia de la cura a través de una súplica hecha a Rosana, la joven mártir ahora era considerada una santa. Y el lugar se convirtió en un punto de concentración para los devotos que iban allí para rezar, depositar sus solicitudes de intercesión y encender sus velas para la intención del santo.

Y con el tiempo, se le han atribuido muchos milagros a la virgen mártir.

Cuando llegaron por la mañana para darle la trágica noticia a doña Balbina, a la anciana le costaba creer que todo hubiera sucedido de esa manera y en ese momento porque Rosana había estado con ella y, tranquila como siempre, serena, riendo, le aseguró que todo estaba bien y que el médico pronto vendría a verla. Y eso realmente sucedió, el médico vino a la residencia de la chacra y le dijo esto a cualquiera que quisiera saber que lo había hecho porque tuviera un extraño sueño con Rosana, llamándolo insistentemente para que atendiera a su abuela. Despierto, el Dr. Sérgio estaba tan impresionado con el sueño, tan claro y agudo, que pensó que era mejor tomar el automóvil e ir a la chacra para ver qué estaba pasando...

V El grito revelador

Pero vayamos a los movimientos que llevaron al descubrimiento del misterioso violador, asesino que había estado aterrorizando a esa comunidad durante tantos meses. Todos asumieron al individuo como el prototipo del criminal clásico, fuerte, truculento, pero también astuto, audaz; en resumen, que combinaba la fuerza física con la inteligencia... Sin embargo, ¡estaban equivocados!

¡El pervertido, violador, asesino, elemento satánico, no era más que una porquería que a nadie le daba importancia en toda la ciudad! Un individuo inexpresivo, un tonto de una marca más grande; es decir, el último de los hombres sospechosos.

Y fue precisamente por esta razón que el canalla actuó con impunidad durante tanto tiempo, que nadie podía imaginar que es estúpido podría hacer algo más allá de su insignificancia miserable. ¡Especialmente para practicar tantos ataques tan astutamente, en boca de todos, sin ser descubierto por nadie! El sinvergüenza, desafiando a toda la población, se había vengado del desprecio que siempre había merecido de todos los presentes. Desde niños hasta los caballeros más viejos, desde los bromistas hasta los más serios y ¡los líderes de la comunidad, hombres, mujeres, jóvenes, todos, sin excepción, ¡nunca habían prestado la más mínima atención al tonto de Ladislau, Lalau el Carnicero, el Fónico!

Joven desvergonzado, de unos 28 años, pero de edad indefinida y de personalidad indefinida, soltero porque era feo, y ninguna mujer, por muy necesitada que fuera, aceptaría enfrentarse a ese personaje de por vida, viviendo con su vieja madre. Y para empeorar las cosas, el condenado era completamente cacofónico, hablaba con voz ronca, por la nariz, como un viejo y seco fuelle. Y por todo eso, evitó enfrentar a las personas y solo hablaba en monosílabos, ¡incluso así en casos de absoluta necesidad!

Cuando se le preguntaba algo en la carnicería, hacía un gesto a su jefe, el "Sr." José, para que la gente pudiera llevarse bien con él. Pero siempre había algunos bromistas que iban allí solo para divertirse a sus expensas e insistían en que el pobre hombre tuviera que decir algo, incluso si era un "¡No lo llenes, caramba!", En ese horrible tono nasal, el sonido de un cuenco agrietado, ¡mucho más para un pollo que para una voz humana...!

Y fue exactamente ese inconfundible tono de cacofónico lo que lo delató. Cuando Rosana le rascó la cara, el tono no pudo evitar ser un grito de dolor. Fue solo un "¡Ay!", pero gritó tan fuerte que los novios no dudaron en identificar, incluso en la mayor oscuridad, al autor del grito. No había duda posible: solo Ladislau, el carnicero del Sr. José, pero...

Cuando el novio, después de dejar prudentemente a la chica en casa para que no hicieran suposiciones precipitadas sobre lo que estaban haciendo a esa hora y en un lugar tan desierto, llegó a la estación de policía, solo encontró al cabo Josías despierto. En pocas palabras, narró lo que había presenciado y pronto reveló la identidad del infame violador asesino: "¡Es Lalau, el carnicero, el Fónico...!"

Con tal revelación, el Cabo fue quien necesitó algo de tiempo para recuperarse de la conmoción: "¡Ese idiota, no es posible...!"

Y cuando el Cabo Josías llegó con dos soldados a la casa de Lalau, estaba abrazando a su madre, tratando de consolarla fanáticamente de las inevitables consecuencias de su locura. Al jefe de la escolta solo le pidió que no lo dejaran en la cárcel local porque allí la población, sin duda, lo mataría.

El monstruo ni siquiera necesitaría haber hecho tal solicitud, porque el comisario, consciente de la justa revuelta contra el prisionero, determinó que lo trasladarían de inmediato a la prisión de máxima seguridad en la región.

Cuando amaneció y todos se enteraron de los detalles de la muerte de la joven Rosana y el resultado del caso rumoroso, un grito de venganza surgió de todas las gargantas, pero afortunadamente el linchamiento que inevitablemente sucedería, fue posible evitar, gracias a las medidas provisionales del jefe de policía, transfiriendo al criminal a un lugar seguro. Allí sería juzgado y condenado, todo de acuerdo con la legislación penal, y obviamente no le corresponde a la gente tomar la justicia en sus propias manos.

El asombro; sin embargo, resonó en todas las bocas y en todos los rincones de la ciudad: "¡Pero, gente, no puedo creerlo! Lalau, ese idiota que no vale un centavo, es el misterioso violador... ¡Esa, no!"

VI
Otro crimen sucede

Había pasado un año desde la muerte de Rosana y la captura de Lalau, el Fónico, el violador y asesino carnicero. Durante meses, la cosa todavía estaba en evidencia, un tema obligatorio de todas las conversaciones. Como todo, por cierto, si se entiende el sabor de la novedad incluso en el interior donde hay escasez de sujetos para alimentar a los nefastos chismes, el interés de un sujeto desaparece. Un tema, aunque palpitante, termina vaciándose y cayendo en el olvido.

Y las hazañas del ex misterioso asaltante habían perdido por completo su aura romántica, al no inflar los sueños de hombres y mujeres jóvenes que vieron en el enigmático perverso algo de cinematografía. Esto sucedió cuando se descubrió la identidad del autor de los ataques. Muchos no perdonaron al maníaco sexual, especialmente por ser él, nada menos que la figura más ridícula y grotesca de la comunidad.

¡Para algunos, incluso, el mayor crimen del pervertido fue simplemente mentir, Lalau, Fónico...!

Por lo tanto, la quietud tradicional y la monotonía del lugar volvieron a prevalecer, poniendo fin al caso trascendental. Sin embargo, otro crimen de muerte debía ser cometido allí, poniendo a prueba la localidad nuevamente, como el más violento en la región.

Rafael, la víctima, era un niño de 13 a 14 años, un estudiante del colegio estatal del lugar, que cursaba el séptimo grado del primer nivel. Hijo único, no tuvo abuelos vivos ni mantuvo contacto con otros miembros de la familia, ya que no vivían en esas partes.

Rafael vivía en una granja propiedad de sus padres, ubicada cerca del perímetro urbano. Como la distancia que separaba la propiedad agrícola del colegio era pequeña, el muchachito, que asistía al período matutino de clases, iba a la escuela generalmente en bicicleta.

Rafael era un niño muy bueno, estimado por compañeros, maestros y todos los que lo conocieron. Soñador, le gustaba apreciar la naturaleza, amaba a los animales, y su distracción favorita era dar largos paseos, a pie o en bicicleta, en las cercanías.

Sus padres vivían bien y Rafael los amaba mucho, formando los tres una familia armoniosa y feliz.

Cuando tenía once años, el niño hizo un descubrimiento sorprendente para él. Por cierto, se enteró que no era el hijo legítimo del que creía que era su padre. Era solo el hijo natural de su madre porque el hombre que siempre había amado y respetado como padre no era realmente su padre.

Lloró mucho a escondidas, incluso se rebeló contra ambos por esa mentira, pero finalmente, reflexionando con mucha sensatez, concluyó que un padre no es uno que solo tiene lazos carnales con sus hijos, sino que asume la gran y difícil tarea de cuidarlos, contribuyendo efectivamente a su formación. El amor, verdaderamente, es el vínculo auténtico que conecta a padres e hijos.

Así fue como se descubrió la circunstancia: un día, cuando sus padres salieron y quisieron usar su nuevo reloj, Rafael fue a la habitación de la pareja y buscó en los cajones de la cómoda y terminó hallando algunos recortes de periódicos y documentos, fue a través de los documentos que descubrió que era el único hijo legítimo solo de la mujer. Por las noticias impresas en los recortes, fue sabiendo que su verdadero padre era un elemento peligroso, ladrón y asesino y que, en el momento de las noticias, estaba cumpliendo condena en una prisión.

Tales hallazgos fueron, como no podía haber esperado, una gran decepción para el niño. Más tarde, como vimos, llegó a la conclusión que amaba a su padre adoptivo porque lo conocía muy bien, porque era un hombre bueno, amoroso y honesto... Si se le habían ocultado esos hechos, debieron haber justificado las razones de esto y no tenía derecho a desafiarlos.

Rafael trató de olvidar todo eso y no les permitió darse cuenta que había descubierto la verdad. Y realmente, solo lo recordaba de cuando en cuando. Se dio cuenta que las revelaciones no deberían influir negativamente en él ni modificar su forma de ser. Así que permaneció absolutamente igual, tanto en relación con sus padres, en particular, como en relación con su pequeña vida, en general.

El tiempo pasó. Una vez, cuando Rafael llegó temprano de la escuela, escuchó una fuerte discusión en la cocina de su casa y fue allí. Luego vio que un extraño apuntaba con un revólver a su padre, exigiendo en voz alta entregar grandes sumas de dinero, porque de lo contrario dispararía. El niño incontinente corrió en defensa de su padre, tratando de tomar el arma de lo desconocido, pero el revólver se disparó, Rafael fue alcanzado mortalmente por el balazo en el pecho.

Al sentir la violencia del impacto, el niño cayó, un dolor intenso lo dejó sin aliento, su visión se oscureció, perdiendo el conocimiento. Pero antes de perder el rastro de las cosas, notó que el extraño huía aterrorizado y aun escuchaba a su padre diciendo: "¡Miserable! ¡Mataste a tu propio hijo...!"

VII
El despertar en otra dimensión

Sorprendentemente, Rafael sintió que ya no respiraba, pero no sentía falta de aliento. Claramente, se dio cuenta que su corazón dejó de latir. Trató de levantarse... ¡y lo hizo! Se apoyó contra la pared de la cocina, todavía asombrado...

También vio al extraño que estaba huyendo en una triste carrera. ¡Y también vio a sus padres llorando desesperadamente junto a un cuerpo inerte, que era exactamente igual al suyo! Observó que su cuerpo estaba bañado en sangre y no podía entender exactamente lo que estaba sucediendo. ¡Se vio a sí mismo de pie, apoyado contra la pared, y al mismo tiempo vio su cuerpo tirado en el azulejo de la cocina!

"¡Qué cosa más extraña! – pensó el chico –. Después de todo, ¡¿qué me está pasando...?!"

Aun sin comprender la situación, Rafael estaba mareado, desmayándose, las cosas desaparecieron lentamente, como escenas en cámara lenta en la televisión...

Al despertar, Rafael se dio cuenta que estaba en otro lugar que era completamente extraño para él.

Se sentó y observó atentamente dónde estaba. Entonces vio que estaba en una habitación muy bonita, blanca y azul, en una cama limpia y cómoda.

Continuando con sus atentas observaciones, el niño también notó que llevaba un pijama ligero que ciertamente no era suyo porque no lo conocía. Sin embargo, Rafael se sintió bien allí. Una gran tranquilidad se percibía en la habitación.

En ese momento, se abrió la puerta y entró un muchacho amable y risueño para saludarlo:

– Hola Rafael, ¿cómo estás?

– Yo estoy bien. Pero, ¿qué hago aquí?

– Te recuperas.

– Sí, pero ¿de qué me estoy recuperando?

Leonardo, el ayudante, ni siquiera tuvo que contestar, los recuerdos le vinieron a la mente. La discusión de su padre con el desconocido, su interferencia para prevenir que el individuo disparara a su padre, el disparo, el impacto de la bala, la lesión...

Rápidamente, Rafael se sintió, examinándose cuidadosamente. Nada en su pecho... ¡ni siquiera una cicatriz!

El periespíritu puede resultar herido o cicatrizado por la opción del desencarnado o por la acción del remordimiento, una ocurrencia común cuando se trata de suicidios o delincuentes. En el caso específico de Rafael, su periespíritu no sufrió daños, fue atendido de inmediato y, por lo tanto, se sintió perfectamente bien, fuerte y saludable.

– Todo muy extraño – dijo Rafael. Pensé que había muerto. Pero... ¿no me dispararon?

El joven asistente sonrió, esclarecedoramente. Rafael concluyó que realmente había desencarnado, pero que solo su cuerpo había muerto. Por lo tanto, no fue un simple sueño todo lo que le había pasado. Interesante sentirse bien, de hecho, como había escuchado, ¡la vida continúa más allá de la muerte física!

De hecho, Rafael estaba en un Educandário apropiado para aquellos que desencarnan jóvenes y de buen estado espiritual. Leonardo era uno de los profesores en el establecimiento. El joven era uno de los muchos trabajadores de Educandário que tenía muchos otros asistentes jóvenes, todos con experiencia en el área de Educación. Solo las personas con estudio y experiencia en la tarea educativa trabajan allí. Leonardo se había desencarnado de joven, a los 25 años, había sido profesor y había trabajado en un gran orfanato. Ahora, como asesor en ese Educandário, se sintió satisfecho, era muy dedicado y amaba lo que hacía allí.

– Joven, ¿dónde estoy? – Continuó Rafael.

– Estás entre amigos, Rafael. Mi nombre es Leonardo.

– ¿Realmente morí? Dime la verdad.

– Tu cuerpo murió, ya has llegado a esta conclusión...

– ¿Y qué hago ahora, Leonardo? Me siento desorientado...

– Continuarás viviendo, solo en otro cuerpo.

– ¿Quieres decir que ahora soy un alma?

– Ahora vives en espíritu. Ten la seguridad que pronto te acostumbrarás a su situación actual. ¿Qué tal levantarte y conocer el jardín?

Rafael saltó de la cama de inmediato y no solo por curiosidad por conocer todo allí. Se sintió feliz, satisfecho, feliz con la extraordinaria transformación para mejorar su vida. No tenía miedo de esa nueva y palpitante forma de existencia. Se sintió realmente bien, seguro, protegido.

Leonardo, tomándolo de la mano, condujo al recién llegado al patio.

Rafael, mirando a su alrededor, se dio cuenta que estaba en un hospital, grande, limpio y agradable. El edificio, todo en blanco y azul, estaba rodeado por un gran jardín con amplios céspedes, árboles y muchas flores.

Caminando junto a su asesor, Rafael estaba simplemente encantado con lo que le dieron para observar, todo parecía tener un color extremadamente bello, flores, pájaros, mariposas, árboles frondosos... Y una paz infinita adormeciendo el lugar, un ambiente cálido y amoroso.

Además de la puerta, Rafael podía ver calles anchas, arboladas y edificios y casas en medio del césped, todo muy limpio y hermoso.

– Dime, Leonardo, ¿este es el cielo, el paraíso? – Leonardo sonrió, divertido:

– Rafael, poco a poco sabrás todo lo que quieras. Como muchas personas imaginan en la Tierra, no existe, es pura utopía. Aquí está una de las muchas moradas de la Casa del Padre, viven de los muertos en el cuerpo material, viviendo en el espíritu. Es una ciudad, una Colonia espiritual, bella y acogedora, para albergar a los jóvenes que tienen derecho a ella.

– ¡Pero qué hermoso y reconfortante lugar, a diferencia de todo lo que he conocido hasta ahora! ¡Qué bien me siento, Leonardo!

– Me alegro que te haya gustado, hermanito, vivirás aquí por mucho tiempo para estudiar, aprender, trabajar. Vamos, conozcamos nuevos amigos.

Rafael estaba rodeado de niños de su mismo grupo de edad, Sonriendo, se presentaron, tratando de hacer que sus compañeros se sintieran cómodos. Todos muy amables, ofreciéndole compañía, amistad.

A Rafael le gustó tanto que ya no recordaba su encarnación.

Fue solo cuando se despertó a la mañana siguiente que recordó a sus padres, sintiendo que estaban llorando y sufriendo por su muerte. ¡Esa desesperación parecía venir de su interior!

Rafael, angustiado, apeló a Leonardo que ya estaba en su habitación para darle la protección que él conocía como indispensable.

– ¡Morí, pero siento la presencia de mis padres que sufren! ¿Qué pasa conmigo?

Leonardo sonrió, sentado cerca de la cama del niño.

– Rafael, la muerte del cuerpo siempre trae molestias. Ya sabes que has dejado tu hogar terrenal, te has mudado aquí, un nuevo hogar, solo en el plano espiritual. Más precisamente, ahora estás en una Colonia, en un Educandário donde los buenos niños y jóvenes son enviados, cuando ocurre la muerte de su cuerpo de carne. No te alarmes, en este momento tus padres lloran y se lamentan por ti. Nada más natural, te aman y sienten tu ausencia.

Rafael; sin embargo, permaneció angustiado.

– No debes molestarte por el sufrimiento de tus padres, Rafael. Por ellos, moriste. Sin embargo, sabes que estás vivo y en una situación mucho mejor que antes. No debes preocuparte por tus padres, su desesperación. Los padres siempre lloran por sus hijos. Si te molestas aquí, la magnetización negativa permanecerá y su sufrimiento será permanente. Si rezas por ellos, trata de ayudarlos con tus pensamientos de paz y armonía, este trance pronto pasará. Sintiendo que estás bien y que no has muerto, sino que acabas de sufrir una transformación, tus padres pronto se resignarán y recuperarán el equilibrio, hermanito.

Muchas otras veces, Rafael sintió el impacto de la desesperación de sus padres, pero trató de recordar las orientaciones de Leonardo. Rezó por ellos e intentó distraerse enfocándose en las cosas buenas de su nueva vida. Con el tiempo, logró disciplinarse a este respecto y se dio cuenta que cuanto más intentaba desconectarse de la angustia de sus padres, más se sentía tranquilo y más tranquilidad les transmitía.

Inmediatamente trató de llevarse bien con sus nuevos compañeros, le gustaba vivir con sus nuevos amigos.

Estaba muy distraído admirando las plantas, flores, pájaros y mariposas; en resumen, estaba extasiado con esa naturaleza exuberante del otro mundo.

Le gustaba el Educandário y también le gustaría ir a las clases junto con sus compañeros y hablar de ello con Leonardo.

– Amigo Leonardo, ya me considero bien adaptado en mi vida actual. Solo me siento un poco solo, mientras ustedes, amigos, están estudiando. ¿Estoy listo para asistir a la escuela también?

– Genial, Rafael, estoy feliz por tu deseo de estudiar y para participar más activamente en la vida de Colonia. Solo vine a invitarte a eso. Mañana su deseo será satisfecho y tu nueva fase comenzará aquí. Aun hoy serás transferido a tu nueva residencia para poder ir a la escuela.

VIII
El Educandário

Al final de la tarde del mismo día, el asistente llegó a la sala del hospital donde Rafael se había estado recuperando, para llevarlo al Educandário, propiamente dicho. Allí sería su residencia a partir de entonces, mientras permaneciera en la Colonia.

El Educandário, es una escuela para jóvenes y niños, es un edificio muy grande, rodeado de jardines de flores y parques con varios jugos. Es un lugar de estudio y también alojamiento para personas sin parientes en la Colonia. En el lado derecho, hay clases para jóvenes y, por otro lado, habitaciones para niños.

En el Educandário viven algunos trabajadores, maestros y pasantes y todos viven felices en la comunidad.

Rafael, junto al asistente, un muchacho muy amable llamado Esteban, atravesó la puerta de entrada y se dirigió al ala de la Administración. Esteban refirió al nuevo residente a una asesora, una señora muy amable, que saludó a Esteban y abrazó a Rafael con cariño. Era Lucía, una psicóloga, encargada de dar la bienvenida a los recién llegados.

– ¡Qué niño tan hermoso! Bienvenido al Educandário, Rafael. ¿Cómo estás? ¿Qué te pareció este lugar?

– Bonito – respondió Rafael, un poco avergonzado – , todo aquí es muy hermoso y agradable.

– Te gustará aun más aquí, Rafael, a medida que conozcas las instalaciones, compañeritos y al personal. El profesor Leonardo nos dio excelentes referencias tuyas, jovencito. Estamos seguros que nos llevaremos muy bien.

Rafael estaba algo sorprendido por la información que Leonardo, el muchacho que lo había atendido desde su llegada y que había aprendido a apreciar, era en realidad un profesor. El joven había resultado ser tan simple y humilde que Rafael había asumido que él era solo un asistente o incluso un enfermero. Ahora comenzó a pedir que lo inscribieran en la clase del profesor Leonardo.

– Hoy conocerás a todo el Educandário, Rafael. Esteban te llevará a tu habitación de vez en cuando y tendré la satisfacción de mostrarle la escuela, incluso conocerás la clase a la que asistirás.

– Doña Lúcia, ¿puedo inscribirme en la clase del profesor Leonardo? Ya nos conocemos bien y me gustaría continuar bajo su guía.

La psicóloga sonrió, satisfecha:

– Ciertamente, Rafael. Este es también el deseo del propio profesor Leonardo. De hecho, la tuya es una clase especial para jóvenes de 11 a 14 años que tuvieron una desencarnación inusual. Son espíritus muy inteligentes con buenos conocimientos previos.

– ¿Qué quieres decir con desencarnación inusual, doña Lúcia?

– Como la tuya, por ejemplo, fue una muerte física violenta y trágica, y no una desencarnación normal. Lo mismo sucede con todos los miembros de la clase del profesor Leonardo, tu maestro, que es muy dedicado y un gran amigo de todos los discípulos, te explicará mejor este asunto. Por ahora es así, no tendrá otros asesores en este período, además del profesor Leonardo. Pero ahora sigue a nuestro Esteban para que luego te pueda mostrar todo el Educandário,

Rafael fue recibido en la puerta de su habitación por Sandro, un niño de trece años que sería su compañero de clase y vecino de alojamiento. El chico ya era conocido por Rafael y el nuevo residente estaba aun más feliz por tal circunstancia.

Sandro también había muerto de forma violenta, desencarnado en un accidente. Ya había tenido la oportunidad de hablar con Rafael al respecto, diciéndole cómo se sentía cuando llegó a la Colonia. Su experiencia y estímulo fueron muy importantes para la adaptación inicial de Rafael.

A Rafael realmente le gustó su alojamiento o habitación, un ambiente grande y aireado, pintado en colores muy alegres. El lugar estaba decorado de forma sencilla, pero con mucho gusto, con hermosos cuadros en las paredes y hermosas cortinas en la ventana. El gran ventanal daba al jardín.

Esteban colocó las pertenencias de Rafael en el tocador para que el niño pudiera guardarlas más tarde, ordenándolas según su preferencia.

Tan pronto como las cosas se arreglaron en la sala, Esteban se apresuró a llevar a Rafael a la psicóloga Lúcia, quien lo estaba esperando para la visita prometida a las instalaciones del Educandário.

El establecimiento, muy limpio, bien pintado, con plantas ornamentales y muchas flores en cada esquina, encantó a Rafael. El niño miraba todo maravillado, nunca había oído hablar de un Educandário tan grande, tan bien iluminado, aireado y con una decoración tan apropiada.

Lucía explicaba todo en detalle:

– Aquí están las viviendas para empleados residentes, aquellos que aun no tienen una casa en la Colonia. Varios profesores también viven aquí, como es el caso de tu maestro. Mucha gente trabaja aquí visando el bienestar de nuestros jóvenes y niños.

Señalando un lugar cercano, continuó:

– Esa es la sala de los niños, que se distribuyen según su edad. Ahí está la guardería, Rafael.

El joven vio niños de todos los tipos, muchos de ellos, sonriendo alegremente en los parques.

– Con el tiempo, tendrás la oportunidad de conocer todo más en detalle, Rafael. Ven, en este sector están los salones de clase. Mira, este es tuyo.

Lucia, seguidamente, abrió la puerta de la clase que en ese momento estaba vacío porque ya estaba cerrado el período de clases; Rafael admiraba la sala muy amplia, espaciosa con muchas pizarras en la pared y los costados, con gabinetes al fondo, y abundante material didáctico, cuidadosamente arreglado sobre la mesa para ese propósito.

El escritorio del profesor estaba en una plataforma más alta para favorecer la visión, tanto del profesor como de los alumnos.

El chico se sintió muy bien allí, donde ciertamente pasaría mucho tiempo. Se hizo el propósito, allí mismo, de aprender y estudiar aprovechando la experiencia que le fuese transmitida por sus colegas.

Rafael quería asimilar también todas las enseñanzas que su amigo y profesor ciertamente le transmitiría.

El muchacho tenías la intención de, sobre todo, de hacerse bueno, mejorar íntimamente, para acumular los bienes espirituales que le ayudaran a superar la dura travesía de una difícil encarnación. En ese momento, el joven sintió un profundo deseo de reconciliarse con su padre carnal, a pesar de haber sido asesinado por él.

Hay numerosas colonias espirituales. No tienen las mismas condiciones o características idénticas.

Hay una enorme multiplicidad de medios en tales planes. Sus habitantes se identifican por las fuentes de origen comunes y por la grandeza de los fines para los que están destinados. Sin embargo, cada colonia permanece en el grado evolutivo y en las condiciones correspondientes, según la situación de sus huéspedes. Por lo tanto, cada organización tiene características especiales.

El cuerpo terrenal es la principal causa de necesidades humanas, enfermedades, debilidades y pasiones. La característica tosca de la carcasa del material dificulta la sensación delicada, inhibe las potencialidades y perjudica las percepciones del espíritu. Fuera del cuerpo y estando en una condición evolutiva razonable, el ser espiritual recupera su amplia capacidad perceptiva, obstaculizada temporalmente por la materialidad del hombre encarnado.

La colonia a la que habían enviado a Rafael tenía la intención de albergar a jóvenes y niños en una buena situación espiritual. Así, debido a las buenas condiciones de los albergues, el Educandário también presentó un patrón vibratorio superior.

De ahí que Rafael y todos los demás pasantes sintieran ese anhelo inefable por la bondad, el perdón, el amor y la reconciliación.

IX
Aprendiendo

A la mañana siguiente, Rafael acompañó a Sandro a su clase. Los estudiantes ya estaban en sus lugares y esperando la llegada del nuevo compañero.

Fue con emoción que Rafael saludó a su amigo el profesor Leonardo. El maestro lo recibió cariñosamente, tratándolo con la misma consideración a la que el niño ya se había acostumbrado cuando aun no sabía que sería su profesor. La actitud avergonzada de Rafael parecía hablar por sí misma: "Disculpe, querido amigo, por haberlo supuesto como enfermero o incluso como asistente." Sin embargo, la sonrisa siempre a flor de piel del joven maestro se encargó de tranquilizarlo.

– Para aquellos que aun no han tenido la oportunidad de conocerlo, este es nuestro amigo Rafael, recién llegado del hogar terreno.

El profesor pidió a sus colegas que aun no se habían reunido con el nuevo estudiante que levantasen las manos. Solo ocho, de los veinte estudiantes de la clase, indicaron que no conocían a Rafael personalmente, por lo que hicieron las presentaciones adecuadas.

– Siéntate donde quieras, Rafael. Y considérate a ti mismo bienvenido a nuestra clase especial.

Sandro asintió, invitando a Rafael a sentarse en un asiento vacío a su lado y el nuevo estudiante se acomodó, permaneciendo atento a la clase que estaba comenzando.

Una particularidad que inmediatamente llamó la atención del nuevo discípulo fue el clima de la clase existente. Respeto y fraternidad entre estudiantes y docentes, disciplina e interés en el aprendizaje, cosas que Rafael no recordaba haber presenciado en su tiempo como estudiante terrenal.

– Bueno, queridos estudiantes, continuemos con nuestro tema de ayer. Hablamos de la caridad, ayudando a otros, aplicando el mandamiento mayor enseñado por Jesús. ¿Alguien quiere hablar sobre eso, sobre lo que entendieron sobre este tema tan importante?

Leocadio, un niño de 12 años, muy competente, levantó la mano y el profesor lo invitó a hablar.

– Comprendí que el principio fundamental del mayor mandamiento predicado por Sublime Amigo es, precisamente, en su recomendación: hacer a los demás lo que queremos que nos hagan; o, en otras palabras: tratar a todos como queremos que nos traten. Ni siquiera puedes tener otro procedimiento. Ahora, esta es realmente la expresión más completa de caridad. ¿Qué derecho exigiríamos a nuestros semejantes un mejor trato que el que nosotros mismos les damos? Creo que tan pronto como los hombres hagan esto, comprenderán la verdadera hermandad, y la paz y la justicia reinarán en la Tierra. No habrá más odio o desacuerdos.

– Muy bien dicho, Leocadio. Has enfocado bien el problema. ¿Alguien más quiere abordar el problema?

– Disculpe, profesor – dijo Roberto, levantándose –. Para mí, el aspecto más significativo del tema está relacionado con las formas de practicar la caridad. Muchas personas confunden la caridad con la limosna, solo practican la caridad material, dándola, casi siempre con orgullo y altivez, lo que sobra de la mesa, el bolso o el armario. Esta forma de ayudar a los demás es realmente la más fácil, así como también menos importante. Si solo existiera esta forma de ayudar, solo los ricos estarían en condiciones de cuidar a los pobres; sin embargo, se verían privados de su práctica. Creo que la caridad moral es la más valiosa y puede ser practicada por todos los hombres, independientemente de su condición financiera.

– De acuerdo, Roberto. Continúa.

– Para la práctica de este tipo de caridad tan importante, maestro, solo es esencial tener un buen corazón y buenos sentimientos. La caridad moral se puede practicar por pensamientos, palabras y hechos. Mire, profesor, ¡qué hermosa manera de ayudar a alguien que está desesperado, molesto, necesitando solo una persona de buena voluntad, que esté dispuesto a escucharlo para que pueda desahogarse, que pueda ofrecer su amigable hombro!

– Genial Roberto. Sin lugar a dudas, el tema fue bien entendido y disfrutado por todos. Pero ahora vamos al grupo de trabajo de investigación antes de ayer. Se acordó que hoy trajeran para leer a la clase, la página que consideraron más hermosa sobre el tema caridad. Armando, lee el mensaje elegido por tu grupo.

– Nuestro grupo, profesor, encontró varios mensajes hermosos y oportunos de alta calidad sobre Caridad, pero elegimos uno de Scheilla, titulado "*Limosnas olvidadas*" para nuestra ilustración.

Luego, con una voz clara y pausada, y poniendo todo su sentimiento en la lectura, Armando presentó el mensaje seleccionado por su equipo:

"Da lo que puedes, cómo puedes y cuánto puedes, en beneficio de los demás, pero recuerda siempre estas limosnas:

– El timbre de la voz fraterna con quien no simpatizas. La sonrisa de bienvenida por la visita inesperada.

– El minuto de buena voluntad en esclarecimiento amigo; conversación simple y reconfortante con la persona cuya presencia te desagrada.

– El silencio generoso ante la provocación de aquellos que aun no te entienden; la amabilidad insignificante en la vía pública.

– La referencia constructiva a favor de los ausentes; el simple servicio a los extraños.

– Oración por los opositores; la consideración por los ancianos.

– Apoyo para el niño; una breve visita a los enfermos.

– La cariñosa muestra de afecto al hermano que necesita buen ánimo; el cariño en casa.

– Ayuda a los desanimados; la palabra optimista para aquellos que te escuchan.

– La lectura edificante; respeto por situaciones que no conoces.

– Ayuda a la naturaleza; cooperación desinteresada en el bien.

– No te desvíes del bendito servicio a todos.

Los pequeños gestos espontáneos de la verdadera hermandad son bases seguras para construir el Reino de la Luz y el Amor."

Enseguida, otros representantes del grupo también presentaron el mensaje señalado por su clase como el más bello y sugerente, dentro del tema en estudio.

Y el tiempo pasó rápida y placenteramente, con gran atención e interés por parte de todos.

Cuando sonó la campana para anunciar el final de las clases para ese período, Rafael estaba emocionado por lo que le habían dado para observar, sentir y aprender. El niño estaba satisfecho con la oportunidad que se le ofrecía y agradeció fervientemente al Padre Misericordioso por la grata oportunidad...

X
Encontrando el equilibrio

Sin embargo, muchas veces, Rafael había sentido la desesperación de sus padres, era un atractivo tan fuerte que su corazón parecía desbordarse de angustia.

El profesor Leonardo le había enseñado que esto era muy normal, los padres encarnados aun no pueden entender y aceptar con resignación la llamada pérdida de sus hijos.

Muy comprensible, esa sensación extrema de pérdida.

El sufrimiento en la Tierra quizás sea comparable al de ese corazón que mira a otro corazón congelado y que el ataúd transporta a un gran silencio. Ver la sombra de la muerte estampando, inexorable, en la fisonomía de los que más amamos, y cerramos los ojos en un adiós indescriptible, es como desgarrar el alma misma y seguir viviendo.

Y cuando la nostalgia se vuelve depresiva, cuando la desesperación se convierte en revuelta, la no conformidad, lo negativo afecta a los seres queridos que se fueron antes, perjudicándolos también. En este momento crucial; sin embargo, debe haber un equilibrio en ambos lados para el beneficio común. Los que cruzaron el umbral del sepulcro lo hicieron como quien se ve libre en la noche, pero al amanecer del nuevo día, también se preocupan por los que se quedaron... Escuchan sus gritos y súplicas, y también tiemblan, cada vez que los lazos afectivos de la retaguardia se rinden ante la inconformidad y la angustia irrazonable. La ayuda, entonces, debe ser recíproca y la oración es el mejor recurso para sanar el terrible dolor de la separación y promover el equilibrio espiritual necesario, como aquí.

Con el tiempo; sin embargo, Rafael comenzó a sentir que los períodos de tristeza se hicieron más espaciados y menos intensos. Sus padres también se sintieron más resignados. Continuando el viaje a través del mar de pruebas redentoras, comprendieron y aceptaron que la vida continúa para todos y que la despedida es temporal porque, en el futuro más cercano de lo que uno puede imaginar, todos respirarán en la misma atmósfera de existencia.

Por lo tanto, el equilibrio emocional se logró a través de este intercambio amoroso proporcionado por las oraciones, las súplicas de protección y consuelo dirigidas a lo Alto, tanto por aquellos que permanecieron encerrados en el cuerpo de carne, como por el niño cuyo espíritu ya estaba liberado.

Y Rafael, recibiendo fervientes oraciones de sus padres, se sintió recordado, querido. Recibir oraciones en el otro plano es como recibir cartas, regalos, son buenos recuerdos que hacen muy bien. Además, cuando los padres se dedican a la caridad, ayudando a otros, haciéndolo por la intención de su ser querido, lo están ayudando y dándole la mayor demostración de amor que pueden ofrecer.

Especialmente en ese período de adaptación al nuevo sistema de vida, recibir oraciones optimistas y actos de ayuda fraterna para su intención, ayudando mucho a los que se fueron antes.

Todavía atendiendo a la guía de su querido profesor, y aceptando los consejos de sus compañeros más experimentados, Rafael trató de darle un ritmo saludable a su existencia en el Educandário. De inmediato trató de llevarse bien con los amigos. Apreciaba mucho todo lo que se proponía allí.

Para el niño, le parecía que eso era una Colonia real de vacaciones o en un parque recreativo. Le encantaba pasear, disfrutaba bien de sus horas de ocio. También le gustaba la escuela, los estudios, su maestro, todos sus compañeros de clases.

El programa de enseñanza incluyó clases morales, estudio e interpretación de los Evangelios, conocimiento general, artes.

Aquella era una colonia que, como muchas, tenía una forma especial de acoger a los que desencarnaran en la infancia y en la adolescencia. Niños y jóvenes al desencarnar, siendo espíritus milenarios, son tratados con inmenso afecto por los dedicados primeros rescatistas.

Un niño es difícil que deambule, excepto cuando ha cometido muchos crímenes y cuando el espíritu, desencarnado en la infancia pertenece o perteneció a alguna organización malvada antes reencarnar.

Los jóvenes también deambulan y sufren, dependiendo de su situación. Jóvenes fríos, asesinos, criminales, ladrones, adictos, aquellos que desencarnan rebelados, no pueden ser rescatados... ellos mismos no lo quieren. En los Centros de Recuperación están solamente quienes fueron rescatados después de deambular por más o menos tiempo, solo cuando se arrepienten y piden ayuda sinceramente. Los adictos descarnados se sienten atraídos por sus afinidades, no obstante, no siendo ésta una regla absoluta, cada caso es un caso particular.

Hacia los Educandários solo se encaminan niños y jóvenes de buena formación moral, que hayan sido buenos hijos, responsables, amorosos. Estos lugares generalmente se encuentran en una Colonia espiritual. Cada Colonia es grande, bonita, limpia y organizada. Siempre hay mucha vegetación, jardines, céspedes extensos y bosques con arroyos y lagos de agua cristalina.

En pequeños bosques con hermosos árboles y muchas flores, se encuentran los animales. Son ardillas, conejos, pájaros, mariposas y muchos otros animales, dóciles, amorosos, que son libres, tranquilos, sin temor a las personas. A la llamada de los visitantes, las aves aterrizan sobre sus hombros, los pequeños animales van a sus regazos.

En el ala derecha del Educandário, se encuentra el bosque; en la parte central se encuentran los edificios donde se ubican los alojamientos, aulas, una biblioteca, salas de música y artes en general, teatro y conferencias.

La biblioteca es muy grande, hermosa, con muchos libros infantiles; son volúmenes que brindan a quienes los leen buena información y aprendizaje. Muchos son copias de libros escritos por encarnados. La literatura espírita también se lee ampliamente allí, e incluso hay clubes de admiradores para algunos escritores.

La parte del internado donde se ubica el alojamiento se divide por grupo de edad y, después de los siete años, también por sexo. El pequeño alojamiento allí se llama el Parque. Es muy hermoso, con un enorme parque que contiene varios juegos, con muchas "tías" y "tíos", personas experimentadas y amables que cuidan a los pequeños con cariño.

Antes de los siete años, los desencarnados pueden volver a la apariencia que tenían antes de reencarnarse, si así lo desean, sin quedarse en el Educandário. Hay quienes reencarnan pronto y hay quienes se quedan y lo disfrutan mucho. Son niños felices, activos, que cantan en coros y que siempre están riendo y festejando.

Rafael pronto también se convirtió en parte de un coro y tenía la intención de unirse a un grupo de teatro en el futuro. Al niño le encantaba leer y se convirtió en un visitante frecuente de la biblioteca. Finalmente, el niño se sintió feliz, integrado en ese sistema de vida tan puro y tan gratificante.

XI
Liberándose de la Auto–piedad

Los alumnos asisten a clases en el Educandário según su grado de conocimiento y las circunstancias de su desencarnación. Rafael era parte de una clase especial donde todos los estudiantes habían tenido una muerte física inusual, muy dolorosa o violenta.

Los niños, jóvenes, que tuvieron muertes inusuales, pasan tiempo en habitaciones especiales ubicadas en el ala centro derecha, cerca del bosque. Luego, dependiendo de cada caso, se unen con otros en las clases comunes.

El currículo de estudios en estas escuelas del otro mundo tiene varias materias de conocimiento general y también algunos estudios específicos, como aquí en la Tierra. Los maestros y asesores; sin embargo, están muy interesados en la Educación Espiritual de los discípulos. Los estudiantes aprenden a vivir desencarnados, como es el plan Espiritual, aprenden a interpretar correctamente las lecciones del Evangelio y reciben orientación sobre cómo comportarse frente a los problemas de la vida y cómo ayudar a todos los hermanos. Los maestros hacen todo lo posible para hacer de Colonia un lugar de felicidad, paz, armonía y equilibrio. ¡La muerte física es un cambio, es Información, y los asesores intentan asegurarse que no sea un cambio repentino y drástico!

Hay regiones particularmente destinadas a espíritus liberados de la cubierta carnal. Son planos, esferas, especies de campos, Colonias espirituales, posiciones intermedias entre mundos, propiamente hablando, graduados de acuerdo con la condición de los espíritus que tienen acceso allí. Son lugares para el disfrute del mayor o menor bienestar de sus habitantes, para recuperarse, trabajar, estudiar o aclarar, para prepararse para nuevas encarnaciones.

En el plano intangible, el espíritu puede mejorarse a sí mismo dependiendo de si es su deseo y la voluntad de lograrlo. Sin embargo, solo en la existencia corporal puede poner en práctica el aprendizaje que recibió; y los errores cometidos en la materia solo pueden rescatarse durante la reencarnación. ¡Es por eso que la gente sabiamente dice: "¡Aquí se hace, aquí se paga"! En la erraticidad, los espíritus son felices o infelices, de acuerdo con sus propios méritos o el grado de desmaterialización que hayan alcanzado. El mundo físico es la escuela preparatoria para el espíritu encarnado, es el taller o forja para su purificación.

Los jóvenes que desencarnan a partir de los 15 años acuden a una parte del Educandário para adolescentes. No hay juguetes allí, sino otras actividades recreativas más de su agrado. La edad es, de hecho, un estado íntimo; hay quienes desencarnan jóvenes, pero se sienten maduros, adultos, pasan tiempo en el Educandário y luego se integran en la Colonia para estudiar y trabajar. Otros desencarnan no tan jóvenes, pero se sienten inmaduros, llegan al Educandário, y permanecen allí. Por lo tanto, el período de estadía se adapta a las necesidades de cada uno, algunos permanecen allí por más tiempo, otros se van pronto y, por diferentes razones específicas de cada individualidad, reencarnan o van a otros lugares, generalmente debido a la necesidad de otros estudios o de trabajo.

Jóvenes que, mientras estaban encarnados, eran discapacitados mentales, reciben tratamiento especial en el Hospital. Recuperados, pueden, si es necesario, estudiar en el Educandário.

A Rafael le encantaba estudiar allí porque tenía un maestro dedicado y amoroso, sus compañeros eran muy fraternos, y todos trataron de tranquilizarlo, narrando sus propias experiencias. El aprendizaje se realiza objetivamente de una manera clara y simple, los estudiantes están interesados en estudiar y dispuestos a aprender.

A pesar de sentirse bien integrado en la nueva condición y muy feliz en su forma de vida actual; el niño, a veces, sentía una gran tristeza por haber sido asesinado por su propio padre, sentía mucha pena por sí mismo e incluso se sintió avergonzado por la forma inusual en que había interrumpido su vida física. ¡Al mismo tiempo, sintiendo lástima de sí mismo y vergüenza, llegó a imaginar que solo él, entre tantos jóvenes que habían tenido una muerte inusual, tuvieron un padre delincuente, ladrón y asesino de su propio hijo!

En estas ocasiones deprimentes, la valiosa guía del profesor Leonardo y los informes de sus colegas fueron un refresco para Rafael. Podía así comprender y aceptar que todos allí tenían experiencias drásticas; y sabiendo que otros habían experimentado dramas extraordinarios en su muerte carnal, consoló al joven. Pronto, Rafael se enteró que no tenía motivos para sentir lástima de sí mismo, que debía huir de la lástima y que tampoco debía avergonzarse de su padre. El objetivo común debía ser aprender y construir, no ser molestado por los errores de otras personas, tratando de no tomar la imperfección de los demás y, al mismo tiempo, buscar la calma interior.

Rafael estaba aprendiendo que hay explicaciones para todo, y aunque en un momento dado, no se entendieran las causas de los sufrimientos y dificultades que estaban sucediendo, uno debe aceptarlos, creyendo que tienen razón, porque Dios es justo y siempre se debe confiar en el Padre.

Por lo tanto, tanto en clase como en conversaciones con sus compañeros, el joven progresó en su aprendizaje y dejó de sentir pena por sí mismo cuando notó que en el Educandário, especialmente en su grupo, todos tenían razones aun más válidas para deplorar sus dramas privados; sin embargo, manteniéndose firmes y resueltos.

Eso fue lo que le contó su colega Honório:

– Rafael, todos los que estamos aquí, estudiantes o residentes de este Educandário, tenemos historias interesantes y dramáticas sobre nuestra propia encarnación. Y ya has observado, querido amigo, cómo sección en nuestra clase forma un grupo algo diferente de los otros estudiantes. Los otros sienten más nostalgia, tienen varios maestros, son más infantiles. Sin embargo, formamos un grupo que parece ser más maduro, más adulto, más consciente de sus éxitos y errores. Tenemos un solo maestro, maestro especial, sabio, amoroso, que se comporta como un amigo mayor y más experimentado que busca enseñar, ayudar, con su amabilidad y comprensión.

Rafael escuchó atentamente:

– Sabes, amigo, es triste ver que los amigos sufren cuando los miembros de su familia no aceptan sus muertes físicas, los llaman llorando de desesperación y sienten los llamamientos salvajes aquí. A menudo entran en crisis y también lloran porque todavía no tienen la madurez para deshacerse del magnetismo negativo que les llegan de sus seres queridos desequilibrados.

– Estoy de acuerdo contigo, Honório. Estamos en una condición privilegiada porque ya tenemos comprensión, somos más adultos y necesitamos mantener nuestro equilibrio emocional. Pero, ¿cómo proceden los consejeros para ayudar a estos jóvenes en sus crisis?

– Se ayuda a niños y jóvenes desesperados, por los asesores que, casi siempre, los duermen para recuperarse. Todos nos sentimos muy nostálgicos al principio, esto es natural en el período de adaptación. Felices aquellos que cuentan con la ayuda de sus seres queridos encarnados y que, si amigos y familiares entienden, aceptan, todo se vuelve más fácil.

– Otra cosa, Honório. ¿Por qué los niños y los jóvenes se acostumbran tan bien aquí en la Colonia?

– Esta fácil adaptación de niños y jóvenes en esta etapa, resulta de su poco apego a la materia, a los bienes que los adultos generalmente creen que tienen. Los jóvenes están más separados de las cosas materiales, por eso se adaptan más fácilmente al plano espiritual. Pero todos, siempre y cuando comprendan la vida como un todo, entendiendo que la existencia se compone de segmentos continuos, vividos en el mundo material o en el mundo extra físico, aceptan y llegan a amar la vida desencarnada mucho más, a veces, que la vida misma algunas veces.

Otra aclaración que Rafael había querido recibir por mucho tiempo estaba relacionada con el intercambio entre familiares encarnados y desencarnados. Tal información había llegado un día a través de la explicación dada por el profesor Leonardo en respuesta a la pregunta de un compañero durante la clase.

– Como muchos aquí ya saben – dijo el maestro –, la relación entre los miembros de la familia, los seres queridos, encarnados y desencarnados, continúa normalmente. La muerte material no interrumpe la vida, así como no deshace los imanes que conectan a los que se aman. Aquí todos pueden, y, en ciertos casos, a través de una desconexión parcial durante el sueño físico de sus seres queridos recibir la visita de algunos miembros de la familia encarnada. Visitas siempre posibles e incluso más fácil entre los miembros de la familia y los amigos todos desencarnados, que estén bien espiritualmente y que se visitan porque todos están en la misma situación.

– Y en cuanto a las visitas a nuestros seres queridos encarnados allí en nuestros hogares terrenales, pregunta otro discípulo, ¿es posible, profesor?

– Cuando podemos; es decir, cuando ya estamos adaptados y entendemos bien la vida espiritual, podemos visitar a nuestra familia encarnada, Pedro. Naturalmente, primero acompañados por mentores, luego incluso solo en ocasiones especiales. También a través de la escritura, podemos mantener un intercambio con nuestros seres queridos encarnados.

Rafael había estado encantado con tal información. Durante mucho tiempo tuvo el sueño de ponerse en contacto con sus padres, visitar su hogar terrenal y comprobar cómo estaban sus seres queridos.

Y el deseo de un chico así se cumpliría mucho antes que pudiera haberlo adivinado.

Esa misma tarde, después de las clases, le dijeron que debía asistir a la recepción porque había un visitante esperándolo.

El proyecto para implementar la visita de Rafael a la Tierra se estaba poniendo en práctica.

XII
Reencuentro en el plano espiritual

Rafael se dirigió rápidamente a la recepción, tenía curiosidad por saber quién lo estaba buscando.

Habían pasado seis meses desde su llegada al Educandário, y aunque se sentía muy bien allí, quería saber cómo estaba su familia después de su partida. También quería saber algo respecto al destino de su padre

Curiosamente, últimamente pensó mucho en su verdadero padre, no lo odiaba, lo había perdonado hacía mucho tiempo, más bien diciendo que nunca lo había culpado por su muerte. Debían existir razones bien fundamentadas para que todo suceda de esa manera. Sabía que su asesino era de hecho su progenitor por la expresión horrorizada de su padre adoptivo:

"¡Miserable, mataste a tu propio hijo!"

Una hermosa joven era la visita para Rafael. Tan pronto como vio acercarse al niño, se levantó de la banca donde estaba sentada junto a la Recepción y fue a su encuentro, diciendo felizmente:

– Hola, Rafael.

El joven se sorprendió mucho al descubrir que la persona que lo buscaba era su amiga Rosana, la tercera víctima fatal del violador, en ningún momento había considerado ser ella la visita anunciada.

– Hola, Rosana, pero qué agradable sorpresa. ¿Qué te trae por aquí, querida amiga?

Rafael no pudo evitar notar cuidadosamente que su amiga era aun más hermosa ahora. Ella siempre había sido muy hermosa, ¡pero ahora era simplemente hermosa!

– Soy residente aquí en el Educandário, amigo. Vivo en el ala de mujeres. Me trajeron aquí poco después de mi muerte violenta –. Además, ella ya había sido informada de tu presencia en esta colonia, aunque sin más detalles sobre tu desenlace –. Vengo no solo por el gran placer de visitarte, sino también porque me encargaron acompañarte a otra visita... ¡solos en la Tierra! ¿Sabías que podemos comunicarnos con nuestros seres queridos, Rafael?

– Sí, Rosana, soy consciente de esta posibilidad de comunicación. Pero, ¿cómo será exactamente este contacto? ¿Nos mostraremos directamente a aquellos que amamos? Supongo que no, porque si lo fuéramos, seríamos tomados como fantasmas, ¿no?

Rosana sonrió ante la broma de su amigo.

– Por supuesto que no, Rafael. ¡No fantasmas! Te comunicarás con tus padres utilizando personas con la mediumnidad apropiada para dicho intercambio. Médiums que trabajan para el bien.

– Así que explícame mejor cómo funciona este mecanismo mediúmnico, Rosana. Pareces estar bien informada al respecto.

– Para tu comunicación, que ya ha sido aprobada por la espiritualidad, funcionará así: tus padres están siendo intuidos para buscar al médium Francisco Cândido Xavier para pedirle un mensaje. En el momento adecuado, dictará una carta cuyo texto ya habrá sido redactado por ti con mi ayuda y la supervisión del profesor Leonardo.

– Espera un momento, Rosana, pero ¿estaré dictando a la voz? ¿Es este proceso de comunicación tan simple? – Rosana se detuvo un poco.

– Intentaré explicártelo de la mejor manera. Como te dije, escribirás la carta que se dictará. Yo me encargo de ayudarte. Para transmitir el mensaje, es suficiente que te acerques al médium; los trabajadores desencarnados hacen la conexión de cables que van desde tu boca hasta la cabeza del médium Chico Xavier; el dictado es telepático y para eso te quedas allí, cerca, pones tu mano sobre el médium y la carta se escribe.

Rafael parecía asombrado:

– ¡Pero qué interesante! Significa que trabajaremos como si fuéramos dispositivos eléctricos o electrónicos.

– Así es, joven. Usaste la palabra correcta, el médium funciona exactamente como un aparato y, en verdad, es un instrumento de la espiritualidad.

– Y entonces, ¿qué hacemos?

– La carta llevará cuestiones muy importantes que también me conciernen. Sabrás todo en su debido momento. Luego, haremos algunas visitas: iremos a tu casa para estar con tus padres y también visitaremos a la abuela Balbina y mis hermanos pequeños, ¿está bien?

– Fantástico, amiga. Estaba muy feliz por esta reunión y también porque participaremos juntos en este proyecto. ¿Todavía tenemos tiempo para hablar un poco más?

– Sí, todavía tenemos tiempo. ¿Vamos al jardín a hablar más libremente?

Los dos jóvenes fueron al jardín interior del Educandário.

Caminando uno al lado del otro, lentamente, atravesaron grandes camas de hierba y se llenaron de hermosas flores de los más variados tonos. Estaban en medio de un entorno de extraordinaria belleza, colores, luces, paz, armonía. Ambos confesaron estar satisfechos por poder vivir en un lugar tan especial, en tal estado de beatitud. ¡Todo tan bello, armonioso, en la paz más completa, en medio de criaturas dispuestas solo al Bien, a la fraternidad, al Amor!

Esto es indudablemente, comentaron los amigos, la felicidad que los hombres en la Tierra soñaron, pero que; sin embargo, todavía no están en condiciones de disfrutar, debido a su propia inferioridad. Allí también, coincidieron los jóvenes, había un verdadero paraíso: no un cielo en el que los seres permanecieran estáticos en la contemplación eterna y en la más absoluta inutilidad, sino que se integraran en el trabajo de la Creación a través del trabajo, a través del estudio, en la preparación de futuros viajes en el cuerpo físico.

XIII
La historia de Rosana

Después de unos momentos en los que permanecieron en silencio, sintiéndose profundamente satisfechos por ser parte integral de ese espléndido entorno, Rafael fue el primero en hablar:

– Rosana, lo siento si te molesto sobre este tema, pero me gustaría que me contaras sobre los eventos que precipitaron tu desencarnación.

Aprendí muchas cosas allí después que te fuiste, pero me gustaría saber de ti la verdad de los hechos. ¿Sabías que ahora eres venerada como "santa" en nuestra ciudad?

– Santa, ¿yo? Todavía tengo mucho, pero mucho, para mejorar, perfeccionar, mejorar, querido amigo.

– Pero esto es realmente así: la gente, para creer, alimentar su fe, seguir creando sus ídolos, ¿estás de acuerdo? Especialmente nuestros compatriotas con todo su misticismo, tratan de encontrar algo sobrenatural y maravilloso a lo que apegarse. Lo que es seguro es que Dios no necesita de milagros para demostrar sus poderes, aunque puede hacerlos, pero los hombres todavía necesitan eventos supuestamente milagrosos para poder creer. Pero es bueno hablar de esos eventos. Entonces quiero que me digas también cómo las cosas pasaron en tu caso.

Y entonces Rosana le fue contando a su amigo Rafael cómo había sucedido todo. El niño escuchó con deleite la narrativa de la joven, principalmente porque, además de su bella figura, Rosana tenía una voz maravillosa.

– Como ya sabes, Rafael, mis padres desencarnaron cuando aun eran jóvenes en un accidente automovilístico, dejándome a mí y a mis hermanitos, Juan y Janete, bajo el cuidado de la abuela Balbina. La abuela, además de ser muy vieja, siempre estaba enferma, no tenía buena salud física. Precisamente por esa razón, estuvo permanentemente bajo la atención médica del Dr. Sérgio. Nuestra granja estaba a tres kilómetros de la ciudad, lo sabes, porque estuviste allí varias veces. Tenía que hacer ese viaje todas las noches, de ida y vuelta, para asistir a la escuela. Tú tomaste el curso de día, pero yo tuve que estudiar por la noche porque todos los estudiantes de ese vecindario trabajaban durante el día en el campo y necesitaba compañía para hacer el viaje.

– ¿Y por qué, entonces, Rosana, fuiste a la ciudad sola esa noche?

– Porque fue exactamente un sábado por la noche. Entonces, sin clases, la mayoría de mis compañeros se quedaron en sus casas. Varios de ellos, incluso los sábados, iban a la ciudad, lo sabes, pero de paseo. Resulta que la abuela comenzó a sentirse mal un poco tarde, después de las 9 pm, cuando los jóvenes vecinos ya se habían ido. Entonces no había otra opción que enfrentar el cruce sola...

– ¿Y tenías miedo al cruzar el camino del desierto, Rosana?

– ¡Estaba aterrorizada, Rafael! Sabía el peligro que enfrentaba con ese maniático suelto allí, pero no tenía otra alternativa que correr el riesgo, porque mi abuela realmente se sentía muy mal. ¿Y cómo llamar al Dr. Sérgio en tales circunstancias? Solo realmente yendo a su casa, ¿sabes?

– Dime, Rosana, ¿en qué estabas pensando en esos momentos?

– No sé, Rafael, tenía mis pensamientos fijos en la determinación que tenía que cumplir, ¡pero no pude evitar pensar en el peligro que representaba el maníaco sexual! Pero hubo muchos casos que habían sucedido hasta ahora, incluidas dos muertes. ¡Debes recordar que, en ese momento, no se hablaba de nada más que de las fechorías del tarado! ¡Nosotras, las chicas que estudiamos de noche, aunque no viajamos sin compañía, nos moríamos de miedo!

La joven se detuvo un momento, se volvió hacia su compañero como para forzar sus recuerdos.

– Sabes, amigo, seguí rezando para olvidar la amenaza que me rodeaba, pero aun así no pude evitar pensar en ese loco...

– ¿Y cómo fue tu encuentro con ese loco, Rosana?

La joven se encogió de hombros antes de responder, como si viniera un escalofrío.

– Solo recuerdo bien que casi estaba cruzando "el bosque cerca del gran barranco" ¡cuando el hombre apareció justo delante de mí! ¡Casi me muero allí mismo, asustada!

A pesar del miedo, logré emitir un grito de ayuda, con todas mis fuerzas...

– Pero según los informes, aun te las arreglaste para reaccionar al ataque del sujeto, ¿no fue así?

– Si es verdad. Estaba tan desesperada por pensar que él podría atacarme sexualmente que no sé a dónde fui para obtener suficiente energía para rasguñar su rostro. Todavía recuerdo su grito de dolor cuando lo golpearon mis uñas.

Una cosa que aun no entiendo, Rosana: ¿por qué, después de todo, terminaste corriendo hacia el lado del acantilado, en lugar de dirigirte en la otra dirección?

– Creo que esto se debió al temor que sentía y también porque era una noche muy oscura. Entonces, desorientada e incapaz de razonar en ese momento, ¡terminé corriendo hacia el barranco...!

Ambos parecían revivir la angustia de esos momentos dramáticos.

– ¿Y cómo te sentiste, entonces, Rosana? Lo que quería saber con más precisión es esto: ¿sintió mucho dolor con el impacto de su cuerpo contra las piedras? ¿Fue difícil tu desprendimiento?

– ¡Interesante, Rafael, pero no sentí ningún dolor cuando golpeé las rocas del precipicio! De hecho, me pareció que unas manos delicadas me apoyaron durante la caída, recostándose suavemente sobre el asfalto debajo. Mi desligamiento fue muy natural, sin ningún trauma. Mis padres me esperaban, sonrientes y felices por la reunión. Varios benefactores espirituales también estaban allí para darme la bienvenida, ¿sabes? ¡Todo es muy hermoso y completamente diferente de la idea sobre el momento de la muerte física!

– ¿Y entonces, Rosana?

– Pronto supe que me enviarían aquí, a una Colonia especial para jóvenes, lo que de hecho sucedió. Cuando desperté ya estaba aquí. Prácticamente no necesitaba ninguna recuperación cuando entré en la Colonia. El resto, ya lo sabes...

– Sí, ya imaginé algo así, Rosana. Realmente, una cosa que impresionó a todos después de tu caída y que pronto se clasificó como un verdadero milagro, fue el estado casi completo de tu cuerpo, a pesar de la terrible caída. ¡Cuando la lógica sería romper todo después de caer por ese impresionante acantilado, en medio de piedras puntiagudas, el frágil cuerpo de una mujer joven no sufre grandes fracturas o contusiones! Solo sabiendo que te apoyaste con benefactores espirituales y fuiste depositada suavemente en un terreno firme, es posible entender tal fenómeno Rosana. No es de extrañar, por lo tanto, que la gente haya visto un verdadero milagro allí, ¿estás de acuerdo?

Los jóvenes interrumpieron la conversación un poco, meditativos. Después de la breve pausa, Rafael pregunta:

– Después de todo, Rosana, ¿has sido informada de la identidad de tu atacante? ¿Sabes quién fue el maníaco sexual y el asesino que causó revuelo en la región durante tanto tiempo?

– No tengo idea, Rafael. Pero de una cosa estoy convencida: no tengo resentimiento por él, lo perdoné de inmediato. ¡Infeliz, pobre desequilibrado, que tendrá que pagar dolorosas deudas con la Justicia Divina...!

– Bueno, ese monstruo, maníaco sexual y asesino, ¡no era otro que Lalau, el Fónico...!

– ¡Increíble, Rafael, ese chico tan inofensivo, empleado por el Sr. José, el carnicero? Cómo las apariencias engañan, ¿verdad?

– Así es, querida amiga.

Como se acabó el tiempo, los dos amigos tuvieron que decirse adiós. Sin embargo, se programó una nueva reunión para los próximos días. Después de todo, todavía había mucho de qué hablar, además de los detalles del proyecto en el que participarían juntos y que necesitaba ser resuelto...

XIV
Pedidos, promesas, milagros

Durante las clases para el día siguiente, Rafael aprovechó la oportunidad ofrecida por el profesor Leonardo para preguntas sobre diversos temas. El niño quería explicaciones sobre el comportamiento de las personas que convierten a las criaturas en santos solo porque no tienen cuerpo, dándoles poderes sobrenaturales y la capacidad de producir milagros. Rafael había estado intrigado porque, al hablar con Rosana, se había enterado que ella no había participado en el cumplimiento de las solicitudes hechas en su nombre.

– Primero, profesor, me gustaría que nos contara sobre el poder de la oración y si las solicitudes siempre son respondidas por la entidad para cuya intercesión se hace la solicitud.

– Bien, Rafael, tocaste un tema de gran importancia y eso ciertamente traerá aclaraciones para todos. La oración se puede definir como invocación, una solicitud. Al orar, el solicitante se coloca en una relación mental con el ser a quien se dirige. Puede la oración tener como objetivo una petición, un agradecimiento o una glorificación, ¿me dejo entender? El poder de la oración es muy grande, ¡sí!

El tema realmente despertó el interés de toda la clase y los estudiantes pronto hicieron preguntas sobre el tema.

– Maestro, ¿a quién puedes pedir? ¿Otras entidades que reciben la oración y cómo es su procedimiento? – Preguntó Teodoro.

– Todavía hay un punto por aclarar en la pregunta de Rafael. Quiere saber si las súplicas siempre se cumplen por las entidades a las que se solicitan. Vayamos allí amigo, ahora echa un vistazo: pregúntate a ti mismo o por los vivos o los muertos. Las oraciones dirigidas a los dos son escuchadas por los espíritus encargados de la ejecución de las que están dirigidas a los buenos espíritus: los "santos", los benefactores espirituales, los espíritus puros; en resumen: son llevados a Dios. Cuando las oraciones se dan a cierto espíritu superior, las oraciones son recibidas por los socios a cargo de tal tarea.

– ¿El procedimiento es siempre el mismo, profesor? En cualquier caso, ¿es así como funciona?

– No siempre, Saulo. Si las solicitudes son más complicadas, se envían a sus propios ministerios y se analizan por quienes trabajan allí. Sin embargo, al orar a otros que no sean Dios directamente, esto es solo como una intermediación, intercesores, porque nada se puede hacer sin el permiso del Padre.

Rafael intervino nuevamente, queriendo más aclaraciones sobre el caso de Rosana. Ahora, siendo considerados por la gente, hicieron invocaciones en su nombre y, si tales fueron cumplidas, atribuyéndoseles a ella, acudió a su intervención directa, cuando en realidad no había participado en el proceso. Ni sabía que se le atribuían milagros o promesas hechas y pagadas en su nombre. ¿Cómo puede ser esto?

– De acuerdo, Rafael. Sucede que en lugares de peregrinación donde muchas personas se reúnen, rezan y hacen pedidos, hay gran concentración de rescatistas. Estos sacrificios desinteresados sirven en nombre de Nuestra Señora, de los diversos santos, Jesús, etc. En el caso especial que estamos analizando, los benefactores cumplieron con las solicitudes hechas por intercesión de Rosana, ¿entendido? Si esto se permite, los rescatistas ayudarán a la persona, sin importarles en nombre de quién se hizo la solicitud, aunque hay equipos especializados que trabajan para responder a las solicitudes de Nuestra Señora, los santos del lugar, etc. También puede haber ayuda de los espíritus mismos, que no son más que siervos de Dios. ¿Alguna otra pregunta sobre este tema?

– Profesor, ¿por qué se responden algunas peticiones y otras no? – Leocadio ahora preguntaba.

– Resulta que ciertos criterios se tienen en cuenta para el debido cuidado. Primero, si la orden va; resultará en el beneficio del solicitante o de cualquier otra persona; a veces, una gracia que sería buena en esa oportunidad puede ser una causa de dolor en el futuro. Por lo general, pides algo con mucha fe, creyendo que tienes esa necesidad extrema y que resultará en un gran bienestar, ¿verdad? No se le atiende, pero se considera que la Providencia lo ha pasado por alto. Posteriormente; sin embargo, se verá que, si hubiera recibido lo que tan fervientemente había pedido, habría sido que, verdaderamente, un mal que lo que se le concedió, sí, fue lo mejor que le pudo pasar en ese momento dado. La gente, en verdad, todavía no está en condiciones de evaluar los designios divinos.

– ¿Y en el caso de las solicitudes de curas, por la interrupción del sufrimiento, profesor?

– Si lo que se pide es el fin del sufrimiento, de las enfermedades, la gracia solo es posible si no incurre en la interrupción de su rescate. También se considera si ese estado de dolor o dificultad es o no el mejor para el espíritu en purificación. También tiene en cuenta si, al recibir el beneficio, crece mejor en el interior, volviéndose más hacia las cosas de Dios.

– Profesor Leonardo, ¿y cuando la persona pide hacerse rico, ser beneficiado por bienes materiales?

– Las solicitudes hechas con fines egoístas, para beneficios materiales, para enriquecimiento, posesión, poder, no se tienen en cuenta. Me gustaría ganar la lotería, por ejemplo. Es necesario comprender que no se logrará todo lo que se solicita, por mucha fe que uno tenga. No es suficiente creer y pedir, debe ser necesario y merecedor, es esencial traducir el sentimiento en obras. Hay muchas enseñanzas en este sentido: "Para cada uno según sus obras", o "La fe sin obras es muerta en sí misma", o incluso, es dando que uno recibe."

– ¿Está bien hacer promesas, profesor?

– Pedrito, aquí hay algo que debe aclararse. La promesa es irracional, es un intento de soborno, es un intercambio, es una ganga: "Hazme esto y yo hago eso. Dámelo, llévalo allí." Y, en general, lo que se ofrece en pago de la promesa tiene un valor infinitamente menor que el beneficio solicitado. Después, la espiritualidad no realiza transacciones de ningún tipo. Dios, Jesús o el espíritu benefactor, los espíritus no están interesados en el pago o en el intercambio, sino en hacer el Bien y mejorar al encarnado en su interior.

– ¿Y qué hay de los llamados milagros, profesor Leonardo? Me gustaría que nos contaras algo sobre este tema –. Rafael seguía preguntando.

– Muy bien preguntado, Rafael. Ordinariamente, un milagro es una hazaña extraordinaria que va en contra de las leyes de la naturaleza; maravilla, prodigio, éxito que, debido a su carácter inusual, causa asombro y admiración; algo sobrenatural. Los hechos reportados en los Evangelios y considerados milagrosos, en su mayoría pertenecen al orden de los "fenómenos psíquicos." Por lo tanto, tienen como causa primaria y fundamental a las facultades y atributos del Alma. Todos los milagros atribuidos a Jesús pueden ser explicado racionalmente.

– ¿Y por qué, entonces, profesor, la gente cree tanto en los milagros?

– Hay mucha ignorancia y superstición, ¡los dos principales responsables de la producción de "milagros"! Muchos fenómenos que en el pasado se consideraban milagrosos porque no tenían la debida prueba científica en ese momento, son hoy hechos comunes. ¡Es suficiente que un evento pueda reproducirse mediante experimentación o cualquier otro método científico, para perder su carácter sobrenatural! La simple posibilidad de reproducir un fenómeno en condiciones idénticas, da fe de su categoría de hecho sujeta a una ley, ya sea física o psíquica, lo que demuestra que no es algo maravilloso, sobrenatural, sino que se ajusta a las leyes de la naturaleza.

– La gente considera muchos milagros simplemente porque están impresionados por su efecto o resultado inusual, ¿verdad, profesor?

– Exactamente, pero es suficiente que se identifique la causa del fenómeno considerado sobrenatural, sigue siendo la misma en el campo de los hechos naturales.

– ¿Y no hay tipos inteligentes que exploten la buena fe de los ingenuos, profesor Leonardo?

– Por supuesto, siempre hay bribones y especuladores, José. A través del fraude y el charlatanismo, las personas inteligentes hacen los mejores portentos, torciendo la verdad de los hechos para engañar a los incautos. Entonces, tenemos que considerar que la Ciencia todos los días está produciendo auténticos milagros a los ojos de los ignorantes. ¡Los grandes descubrimientos y los grandes inventos en el campo del conocimiento siempre han sido vistos por el hombre común como verdaderos milagros!

Leonardo, concluyendo la útil explicación, explicó que realmente no hay milagros en el sentido ordinario del término, porque lo que sucede se debe a las leyes eternas de la evolución; Leyes perfectas e inmutables. Sin embargo, los hombres aun necesitan ser testigos de los hechos para poder creer las palabras. Además, ¡necesitan prodigios para apoyar su fe!

XV
Rafael cuenta su historia

Rafael realmente estaba esperando el momento para volver a ver a Rosana. Había disfrutado mucho estar con su hermosa amiga. Había sido la tan esperada oportunidad de hablar con alguien de sus parientes sobre los acontecimientos de su vida terrenal.

También estaba muy contento con el proyecto en perspectiva de escribir a sus padres y visitarlos con la bella Rosana. "¡Qué interesante! –reflexionaba el joven –, mientras tanto, la belleza física es muy limitada en relación con la belleza evidenciada en la vida espiritual! ¡Sin duda, Rosana era una chica hermosa mientras estaba encarnada, pero ahora es incomparablemente más hermosa! De hecho, ¡la vida se liberó de ella! los obstáculos materiales se vuelven mucho más espléndidos, en todos sus aspectos..."

El niño solo estaba realmente preocupado porque estaba mostrando un entusiasmo quizás excesivo por su magnífica compañera. ¿Sería correcto albergar tales sentimientos por alguien, en términos de un amor que no sea exactamente universal ni exclusivamente fraternal? Rafael se sintió algo confundido acerca de la situación inusual. Sin embargo, consideró el muchacho íntimamente, no había razón para condenarse a sí mismo, después de todo, en ese plano todo es realmente puro, sincero, incluso la admiración que siente una joven tan hermosa y tan dulce como Rosana. Luego...

Cuando Rafael llegó a la banca del jardín que había sido programada para la reunión, se sorprendió que Rosana ya estuviera allí. A pesar de la prisa que tuvo el niño, ¡todavía le precedía su amiga!

Después de los efusivos saludos, comenzaron a hablar íntimamente. Rafael informó a Rosana, entonces, todo lo que fue tratado durante las clases. La joven estaba muy satisfecha con el enfoque del profesor Leonardo sobre la oración, las solicitudes, la asistencia, los milagros y todo lo demás, porque de esa manera podía entender el procedimiento de las personas al considerarla "santa", atribuyéndole la concesión de tantas gracias especiales.

– Sabes, Rosana, otra cosa que quería explicarte está relacionada con tu aparición al Dr. Sérgio durante el sueño. Y también en cuanto a la visión de la abuela Balbina, quien afirmó haberte visto incluso después de los eventos que culminaron con tu muerte, cuando le habrías asegurado que todo estaba bien y que el médico pronto vendría a verla. ¿Estas reuniones también son la imaginación de las personas involucradas?

– Bueno, Rafael, no hay nada que admirar sobre tales sucesos, ya que son fenómenos absolutamente posibles y naturales.

Tan pronto como ocurrió mi desligamiento, seguí extremadamente preocupada por la situación de la abuela. Inmediatamente, se decidió que debía aparecer en un sueño con el Dr. Sergio, que ya estaba durmiendo a esa hora. Y tuvo una visión tan clara e indicativa durante su sueño que no puso a prueba ninguna duda sobre su autenticidad.

Al despertarse, fue inmediatamente a ver qué le estaba pasando a la abuela. La visión recibida por la abuela Balbina era aun más clara porque era una psíquica, ser capaz, por lo tanto, de verme en persona, por así decirlo.

– Todo es muy natural, ¿no es así, Rosana?

– ¿Entonces, Rafael? ¿Puedes contarme tu historia ahora? Francamente, ¡no puedo entender tu afirmación de ser asesinado por tu propio padre! Después de todo, conocía bien al señor Américo y nunca supe nada que lo decepcionara. ¿Cómo podría ser posible, entonces, que un hombre tan bueno, digno y pacífico como él mismo, viniera a matar a su propio hijo? Hazme un favor y cambia todo eso en pocas palabras porque realmente no puedo entender esta historia...

– Pero ahí está el meollo del asunto, Rosana. ¡El señor Américo no es mi verdadero padre!

Rosana, intrigada por lo que escuchó, hizo una pregunta inquisitiva y volvió a preguntar:

– ¿Qué me estás diciendo, Rafael? ¿No es realmente el señor Américo tu padre? ¡Eso no! Pero ¿cómo explicas eso, muchacho?

El niño no respondió de inmediato, parecía querer poner sus ideas en orden. Después de una breve pausa, habló lentamente:

– Bueno, amiga, la historia es larga y algo complicada. Tengo que comenzar desde el principio porque de lo contrario no entenderás nada en absoluto. Tu asombro es muy lógico, porque cuando me di cuenta por primera vez de esta situación, me tomó mucho tiempo acostumbrarme a la idea y me fue muy difícil aceptarla. Pero, de todos modos, como realmente no había otra alternativa, continué procediendo normalmente para que mamá y el señor Américo, que realmente considero mi padre de verdad, además no se dieron cuenta que había descubierto el secreto de mi afiliación.

Rafael volvió a detenerse, como si buscara la fuerza suficiente para plantearle un tema tan delicado.

– Sabes, Rosana, todo comenzó cuando tenía once años. Un día, después de haber salido temprano de la escuela, me quedé en casa con la intención de usar mi reloj nuevo, solo un regalo que papá me había regalado en mi cumpleaños. Como no había nadie en la residencia, fui a la habitación de mis padres y me puse a buscar ese reloj en los cajones de la cómoda. Y cuál fue mi sorpresa cuando lo encontré en una caja, justo en la parte inferior de uno de los cajones, recortes de periódicos y documentos.

El niño se detuvo un momento más y respiró hondo. Rosana estaba impaciente.

– ¿Y qué, amigo? Encontraste documentos y recortes de periódicos, pero ¿qué fue tan importante sobre tu descubrimiento?

– Los documentos que encontré fueron un certificado de matrimonio y mi certificado de nacimiento, pero, extrañamente, ninguno de ellos incluía el nombre del Sr. Américo como esposo de mi madre o como mi padre, ¿sabes? En resumen: ¡era otro nombre para el hombre que parecía haberse casado con mamá, y que fue declarado como mi propio padre! Ahora, no había ninguna duda: el Sr. Américo, a quien siempre había considerado mi verdadero padre, ¡no era realmente mío! Mi padre era otra persona, tenía otro nombre, ¿puedes entenderlo?

Ahora era el turno de Rosana de quedar atónita, al no encontrar palabras adecuadas para traducir sus pensamientos, solo logró exclamar; "¡Dios mío!"

– Mira, Rosana, ¡fue un shock para mí! ¡En ese momento en que llegué a desear que el piso se abriera para que desaparecieras, ¿entiendes?! ¿Quién sabe cómo es descubrir, sin ninguna preparación previa, que el hombre que siempre consideré, siempre, como mi padre, no es nada de eso? Solo aquellos que han tenido esa experiencia pueden evaluar lo que sentí en ese momento.

Rosana había sentido el impacto de la revelación.

– ¿Y cómo hiciste para ocultar este descubrimiento tuyo, Rafael? ¿Cómo lograste disimular tus sentimientos de tal manera que ni el Sr. Américo ni tu madre notaron nada? ¡Habla muchacho!

– No fue fácil guardarme este secreto, amiga. Mira, pensé en mil cosas en ese momento. Estaba disgustado porque pensaba que no tenían derecho a ocultarme tal cosa. Incluso pensé en abrir el juego y dispararles en la cara lo que había descubierto. Pero, por otro lado, no podría ser desagradecido, ¿estás de acuerdo? Desde que tuve uso de razón, siempre recordé el trato cariñoso, la protección, el amor del señor Américo por mí, ¿sabes? Ahora, yo que conocía a tantos padres reales que dejaban tanto que desear para con sus hijos, mientras que el Sr. Américo siempre había actuado hacia mí como un padre ejemplar, no podía proceder injustamente entonces, ¿verdad?

La emoción ahogó la voz del niño y se vio obligado a dejar de hablar por un momento...

XVI
Desahogo

Rosana intenta animar a Rafael, que parecía perturbado por sus recuerdos.

– ¡Epa, Rafa, coraje, amigo! Entiendo tu situación perfectamente, amigo. Si lo prefieres, podemos tomar un descanso o incluso olvidarlo, ¿verdad? Por mi todo bien...

– No, Rosana, realmente necesitaba sacar esto y te agradezco tu atención y paciencia. La cuestión es que todavía no he aprendido a lidiar con mis emociones, ¿sabes? Entonces la cosa estuvo atrapada aquí en mi garganta durante mucho tiempo, ¿sabes?

– Ahora, joven, no vas a decirme que te da vergüenza ser sensible, ¿eh? Vamos, muchacho, ¿sigues creyendo que los hombres no pueden llorar, que esto es cosa de mujeres, ¿y tal y tal? ¡Mira qué prejuicio, Rafael...!

– No, Rosana, no es así, mi amiga. Es que pensé que podría contarte todas estas cosas de una buena manera, ¿sabes? Sin esa de aparentar un tipo duro, amiga. Si mientras estuve allí no tuve este tipo de prejuicio, no sería ahora en la situación en la que nos encontramos, después de un gran aprendizaje, que iba a entrar en esto, ¿estás de acuerdo?

– Disculpe la broma, Rafael. Fue solo para romper la tensión emocional, ¿de acuerdo? Pero ahora continúa, quiero saber cómo te comportaste entonces.

– Mira, salí corriendo de esa habitación y fui al patio. Necesitaba estar fuera de la vista de nadie. Lloré y me desahogué. Recuerdo que después que mis padres regresaron, mi madre se sorprendió que mis ojos estuvieran rojos e hinchados. Afirmé que era por un problema en la escuela. Dije que había discutido con un maestro y que lamentaba haber sido grosero. Mamá aceptó mis disculpas e incluso me aconsejó que me disculpara con el maestro al día siguiente, lo cual prometí hacer.

– Pero, después de todo, ¿cómo lograste superar tu estado mental?

– Mira, eso fue después de llegar a la conclusión que el vínculo real que conecta a padres e hijos es solo el amor, no lazos de sangre, propiamente hablando. El padre mismo, concluí, es el que asume la tarea de atender, cuidar y apoyar, y no solo es poner al niño en el mundo. Entonces estaba en paz conmigo mismo, y eso es todo. Después de eso, comencé a amar al Sr. Américo aun más por todo lo que representaba. Y si él siempre me consideró como su verdadero hijo y siempre me trató como tal, incluso sin las obligaciones de consanguinidad, por qué no lo consideraría como mi verdadero padre, ¿eh?

– Muy bien Rafael. Pero ahora retrocedamos: ¿qué pasó con esos recortes de periódico? ¿También sobre tu padre biológico y finalmente sobre tu afirmación de haber sido asesinado por tu propio padre? Pero qué historia tan complicada, ¿eh?

– Vamos a los recortes primero. Fue así como quedé sabiendo quien era mi verdadero padre, el mismo cuyo nombre figuraba en los documentos, un individuo peligroso, un criminal, delincuente, ladrón y asesino. También contenía la información que, en la fecha de las noticias, estaba cumpliendo condena en la prisión de máxima seguridad de nuestra región. Por cierto, el mismo donde fue enviado Lalau, Fónico.

– Bien, amigo, pasemos al capítulo sobre su muerte, ¿verdad?

– Pero tienes mucha prisa, ¿verdad? Quieres saber el final de la historia sin pasar por la diversión, ¿verdad?

– De acuerdo, Rafael, pero pasemos a la final, joven...

– Casi tres años después de mi descubrimiento y un año después de tu partida, Rosana, sucedió. Ese fatídico día, cuando llegué a casa de la escuela, escuché una fuerte discusión en la cocina de mi casa. Corrí hacia allí y luego vi a un extraño apuntando con un arma a mi papá. El individuo gritó exigiendo una gran suma de dinero, amenazando con disparar si no respondían a su reclamo. Pensé que era un asaltante y no tuve dudas: avancé hacia el tipo, tratando de quitarle el revólver. Es una locura, ya lo ves, pero no pensé en las consecuencias en ese momento, solo quería salvar a mi familia. ¡El golpe del disparo me pareció un trueno y sentí que la bala me atravesó el pecho!

– Rafael, ¿y de allí?

– Cuando todo se oscureció, perdí el conocimiento y caí con las manos sobre el pecho. Todavía escuché los gritos desesperados de mi madre y el grito del señor Américo, que terminó revelando la identidad del asesino: "¡Miserable, mataste a tu propio hijo!"

– ¡Dios mío! ¡Qué cosa tan horrible...!

– Sí, amiga fue un drama realmente.

– ¿Y cómo te sientes con tu padre ahora, Rafael? Me refiero a tu asesino...

– Realmente no lo odio, ya lo he perdonado de corazón, realmente lo amo. Después de todo, él era el intermediario para mi nueva oportunidad de vida en el cuerpo. De hecho, según las explicaciones del profesor Leonardo, fue precisamente por mi sentimiento de amor y perdón por lo que gané los méritos indispensables, acreditándome para venir a este lugar, ¿verdad?

– Mira, amigo, fue genial haberte hablado de todo esto. Y créeme: si antes te admiraba, ¡aun más siento admiración y afecto por ti, Rafael!

Se acabó el tiempo. Los amigos tuvieron que decirse adiós, no sin antes organizar una nueva reunión para dar los contornos del proyecto. Esa reunión también debería incluir la participación del profesor Leonardo.

Mientras Rosana se iba, después de las despedidas, el niño se quedó plantado en el mismo lugar donde habían estado hablando, viéndola irse.

Desde la distancia, la chica, volviéndose, saludó con la mano a Rafael una vez más. Había mucho cariño en sus ojos...

Solo entonces el joven se dirigió a sus habitaciones. Se sintió muy feliz y satisfecho...

XVII
Panel de debate

Rafael ya se sentía acostumbrado a su clase de estudio. La enseñanza se desarrolló de forma dinámica y en respuesta al deseo de aprendizaje de los estudiantes.

El relato de las experiencias individuales y las lecciones que resultaron de ello, hicieron a los estudiantes una parte integral del programa educativo. El maestro en dicho sistema era mucho más un monitor, un simple asesor que, propiamente, el maestro que se considera el único depositario del conocimiento.

Por lo general, los estudiantes ya participaron en la enseñanza, teniendo todo el derecho de solicitar más aclaraciones cuando lo consideren necesario y no se molestaron en admitir que no entendían completamente el tema en estudio. En resumen, fueron realmente participativos, enriqueciendo con sus propias opiniones las explicaciones dadas por el profesor o la exposición de cualquier compañero.

Sin embargo, fue en el Panel de Debate, realizado mensualmente, que una forma tan democrática de estudios se hizo aun más evidente. Las preguntas a debatir fueron la libre elección de los participantes, aquellos interesados en participar previamente hicieron su propio registro. Todos eran libres de hacer sus preguntas y aclarar todas sus dudas dentro del tema enfocado, todo en medio de mayor interés, orden y disciplina.

Ese sería el primer Panel en el que participaría Rafael y sus expectativas eran grandes. Se había inscrito previamente con el Secretario de esa reunión, Pablo, le preocupaba formular cuidadosamente la pregunta a la que tenía derecho y tenía la intención de estar siempre atento para aprovechar al máximo una oportunidad de aprendizaje tan magnífica.

En la mañana del día determinado para la reunión, al entrar al aula, los estudiantes ya encontraron sus escritorios dispuestos en un semicírculo. El Secretario y el Mediador tomaron su lugar en la brecha de herradura formada por las mesas y sillas.

Básicamente, le correspondía al profesor Leonardo dar las respuestas a las preguntas presentadas por los panelistas inscritos, y también ya estaba posicionado entre los dos extremos de la formación, frente a todos. Pablo, el Secretario, tenía la lista de suscriptores en su billetera, y le correspondía llamar a cada participante en voz alta, de acuerdo con el orden de inscripción.

– Estimados colegas – dijo Amílcar –, es con gran satisfacción que, como Mediador de otro Panel de Debates, abrimos el trabajo del día. La oración inicial ya se ha entregado y, por lo tanto, estamos en condiciones de desarrollar nuestras actividades. Como tenemos un nuevo participante hoy – el Mediador se refería a Rafael –, recordemos solo algunos detalles de la operación del Panel.

Ya se han registrado durante la semana con el Secretario Pablo; el participante puede hacer su pregunta y también solicitar más aclaraciones a nuestro profesor, si lo considera necesario; después que la respuesta y las preguntas hayan sido satisfechas, los panelistas podrán participar por igual dentro del tema en cuestión, por esa razón levantando la mano y solo hablando cuando estén autorizados para hacerlo; las preguntas no pueden ser redundantes; es decir, repetitivas, para evitar pasar a un problema que ya se ha superado; cada uno debe esperar su propio turno para hablar para que el orden y la disciplina se mantengan, en mayor beneficio del aprendizaje. De antemano, agradecemos a todos por su colaboración. Ahora, con la palabra el secretario, Pablo.

Hubo un mayor silencio en el entorno de lo habitual. Aunque generalmente había un clima de respeto durante las clases, siempre había un aire de mayor relajación en las actividades diarias. Prueba que todos tomaron el Panel de Debate muy en serio.

– Que la paz de Jesús esté en nuestros corazones y que la espiritualidad superior nos apoye e inspire en el trabajo de hoy – comenzó Pablo –. El primer registrado es el compañero Randal, que ahora puede hacer su pregunta directamente al profesor Leonardo.

En medio de la atención general, el panelista Randal se levantó y dijo la pregunta que había preparado:

– Profesor, ¿por qué el encarnado inteligente y educado continúa perseverando en el error? ¿No sería lógico que la criatura iluminada vea la verdad más fácilmente?

Pausando, el profesor Leonardo continuó respondiendo:

– Querido Randal y otros estudiantes. La educación es sin duda una de las poderosas palancas del progreso humano. Sin el conocimiento adecuado, la mente humana permanecería en los surcos de la ignorancia, confinada a la miseria, la ociosidad, la indigencia y la desgracia. El comportamiento humano seguiría siéndolo en la práctica de la delincuencia en las calles con corrección en la penitenciaría. Sin embargo, no es suficiente aclarar solo la inteligencia. Es esencial mejorar el corazón por igual que en la práctica del bien. Para tomar un vuelo equilibrado y seguro hacia la evolución y la mejora, se necesita el espíritu de la competencia de dos alas: la inteligencia, el conocimiento, es uno de ellos; el otro es el corazón, el sentimiento.

– ¿Satisfecho con la respuesta, Randal? ¿Alguien más está involucrado en el asunto en cuestión? – Preguntó Amílcar.

A Sergito, que había levantado la mano, se le permitió hablar.

– Muy buena pregunta del colega Randal y aun mejor la respuesta del profesor. Pero ¿sería posible, maestro, algunas consideraciones más dentro de este tema con la mención de algunos ejemplos de hombres inteligentes y educados que, incluso iluminados, permanecieron en el error?

– Amigos, los que solo saben no siempre saben. La educación y la ciencia, sin duda, son puertas abiertas a la educación y la sabiduría. Sin embargo, la cultura del espíritu debe ir más allá: debe ayudar al hombre a convertirse en un santuario viviente, a través del cual se irradia el Poder Soberano y Misericordioso.

Después de una breve pausa, Leonardo continúa:

– Miren amigos. Hay muchos ejemplos a este respecto. Nerón, el tirano, fue discípulo de Séneca, el gran filósofo. Tito, el admirable príncipe, que solía decir "¡Perdí mi día!" Cuando la noche lo alcanzó sin realizar un precioso acto de bondad, tuvo más de diez mil iSraelitas enfermos, asesinados y mutilados masacrados, para luego conquistar y arruinar Jerusalén. Marco Aurélio, el emperador, virtuoso y sabio, consintió en la matanza de cristianos indefensos. Ignacio de Loyola, maravillosamente bien intencionado, tuvo el cerebro lleno de letras cuando alentó la persecución religiosa. Marat, el demagogo sediento de sangre, era un periodista y un intelectual de renombre. Y se podrían mencionar muchos otros ejemplos, Sergito. ¡Hubo muchos guerreros, dictadores y revolucionarios crueles que disfrutaron de estar con ilustres profesores, que se ilustraron en páginas científicas, que fueron filósofos o que asistieron a universidades famosas! Posiblemente, solo la razón sin luz, ¡puede convertirse en un cálculo frío!

Como nadie más pidió participar en ese tema, una señal que las explicaciones habían sido suficientes, Pablo llamó al próximo solicitante de registro:

– Leocadio, es tu turno, por favor haz tu pregunta.

El chico se puso de pie, pero no hizo ninguna pregunta, solo explicó que su duda ya había sido satisfecha por estar dentro de lo que Randal había pedido y complementado por Sergito. Exactamente, declaró el ponente, esta era una pregunta que siempre lo había intrigado: ¿por qué el hombre inteligente e iluminado permanece atrincherado en el mal?

– Adelante, entonces – dijo Amílcar.

Las horas pasaron rápidamente. Tocando la campana, se advirtió que los debates continuarían por la tarde.

Fue solo cuando se dirigió al patio que Rafael se dio cuenta que ni siquiera había considerado a Rosana. Estaba tan inmerso con su primer Panel que no pensó en su querida amiga. Nostalgia, un sentimiento que ya era parte de su ser, estaba presente en el corazón del joven.

Interesante, consideró Rafael, fue suficiente para separarse de la querida compañera, en los intervalos entre una y otra reunión, para extrañarla. Y se vio obligado a reconocer que el sentimiento que había surgido en su corazón era algo más, más allá del mero amor universal o la fraternidad tan característica de ese plano.

Sabía que Rosana también le dedicaba un afecto especial y que lo mantenía en el centro de sus pensamientos. La joven misma ya se lo había contado. El día anterior, incluso cuando le deseó todo el éxito y el disfrute completo en el Panel de Debate, esto se había enfatizado. Rosana le había dicho a Rafael que sus pensamientos estarían enteramente con su querido amigo.

Con este recuerdo, el niño aceleró el paso mientras que trataba de hacer que el tiempo corra más rápido. Esa tarde estarían juntos de nuevo. ¿Y podría haber una mejor razón para que Rafael se sienta ansiosamente feliz?

XVIII
Riqueza y Miseria. Pruebas igualmente terribles

Todos ocupando sus respectivos lugares, comenzó la segunda fase del Panel.

El secretario Pablo, consultando sus notas, le dio la palabra a Rafael. El niño, levantándose, habló con cierta solemnidad:

– Profesor Leonardo, aquí hay una pregunta que siempre me ha intrigado: ¿por qué Dios concede algunos la riqueza y el poder, mientras relega a otros a la miseria?

– Querido Rafael, todos somos viajeros de la vida eterna. Cada encarnación, desde la cuna hasta la tumba, representa solo un acto de nuestro inmenso drama evolutivo hacia la perfección. El Creador otorga algo de fortuna y poder, y coloca a otros en la situación más completa de pobreza, en una determinada etapa, para experimentarlos de diferentes maneras. Sin embargo, cuando un hombre ignora las oportunidades de tiempo y bienes materiales que el Cielo le confía, ¡puede regresar al mundo, en otro cuerpo, evidentemente experimentando una escasez de todo! Además, como sabemos, estas pruebas pueden haber sido elegidas por los propios espíritus en un programa de reencarnación. ¡Son medios para poder progresar más rápidamente y saldar deudas previamente asumidas, que también pasan ser parte del elenco de prueba! Sin embargo, a menudo sucumben cuando se les da la oportunidad de poner en práctica sus propias aspiraciones de mejora.

Rafael continúa:

– Entonces ambas situaciones son evidencia muy difícil para ser cumplidas, ¿cuál es verdaderamente más terrible para el hombre encarnado: la prueba de la miseria o la de la riqueza?

– Si realmente quieren saber, les digo que ambas condiciones son pruebas igualmente terribles, amigos. Miseria porque causa inconformidad y quejas contra la Providencia; ¡riqueza para inducir y facilitar todos los excesos! La alta posición del hombre en el mundo material y el hecho que tiene autoridad sobre sus semejantes es una prueba tan grande y quizás incluso más difícil que la desgracia. Y esto se debe a que, cuanto más rico y poderoso es, más responsabilidades y obligaciones tiene que cumplir y se interponen más obstáculos en su camino, ya que los medios para hacer el bien y el mal son mucho mayores. Dios experimenta a los pobres por resignación y a los ricos por el trabajo que le da a sus bienes y su poder. En verdad, incluso, nadie posee nada en el mundo, ¡los hombres no son más que usufructuarios y fieles custodios de los bienes que el Creador coloca bajo su custodia!

Eduardo luego solicita autorización para participar:

– Profesor, ¿es cierto que los ricos están sujetos a tentaciones mucho mayores debido a las facilidades que ofrece la fortuna, pero tampoco es cierto que tengan medios mucho más efectivos para hacer el bien?

– Exactamente, Eduardo, pero eso es lo que siempre haces. El hombre rico malo se vuelve invigilante, egoísta, sospechoso, orgulloso e insaciable. Con la riqueza, sus necesidades aumentan y nunca piensa que tiene suficiente. Riqueza y poder, queridos discípulos, dan a luz a todas las pasiones que nos unen a la materia y nos alejan de la armonía espiritual. Precisamente porque la fortuna y el poder resultan tan terribles, Jesús dijo que sería más fácil que una cuerda atraviese el ojo de una aguja que un hombre rico entre al Reino de los Cielos. Sin embargo, esto no es una condena previa a todos los ricos, sino una advertencia a quienes abusan de los activos que se les confían, ¿verdad?

Otras preguntas seguían siendo formuladas por él y debido a las aclaraciones dadas por el profesor, así como a la participación de todos, el uso fue magnífico.

Cuando sonó la campana para marcar el final de las actividades del día, los estudiantes salieron de la sala en pequeños grupos, simplemente comentando la excelente oportunidad de aprendizaje que todos tuvieron con la celebración del Panel de Debate.

Rafael; sin embargo, se fue apurado, sin participar. de la conversación de sus compañeros.

XIX
Proyecto en desarrollo

Cuando Rosana y Rafael llegaron a la recepción para saber dónde sería la reunión para discutir los detalles del proyecto, se les informó que debían ir a cierta habitación. El profesor Leonardo ya estaba allí esperándolos.

Leonardo los recibió con alegría. La habitación era pequeña, pero cómoda. Había un escritorio con una máquina de escribir, un armario con muchos libros, un sofá y una mesa de café con un jarrón lleno de flores. En las paredes, bellas imágenes.

– Bienvenidos a mi sala de estudio, amigos. Aquí preparo mis clases, leo, estudio, medito; en resumen, organizo todas las actividades que me conciernen para aplicar en la clase y en mis otras tareas en el Educandário. Todo muy sencillo, pero práctico y acogedor, ¿están de acuerdo?

Los jóvenes estaban muy contentos con lo que les fuera dado a observar.

– Bueno, ya tienen una idea de lo que vamos a discutir en nuestra reunión, ¿no? Ciertamente no podremos obtener todos los detalles correctamente en una reunión y nos volveremos a ver en otras ocasiones. Rosana ya está mejor informada de lo que se trata.

Entonces, amigo Rafael, quédate y no dudes en solicitar las aclaraciones deseadas.

– De hecho, profesor, Rosana acaba de hablarme sobre este proyecto. Solo sé que haremos una visita al plano terrestre para poder dictar una carta dirigida a mis padres. También me informan que uno de los objetivos es visitar a los hermanos pequeños de Rosana para que sean adoptados por mis padres, ¿está bien? En resumen, eso es todo lo que sé. Por lo tanto, me gustaría recibir información más amplia y precisa sobre el caso.

– Correcto. Este proyecto comenzó con la preocupación de Rosana, muy justa, de hecho, de apoyar a sus hermanitos carnales. Su abuela está esperando que se resuelva este problema antes que pueda regresar. Se encargó a un servicio de mensajería que realizara investigaciones locales para encontrar la mejor solución.

– ¿Y qué información trajo este mensajero, profesor? – Pregunta Rafael.

– Doña Balbina, abuela de Rosana, está enferma, muy enferma desde hace mucho tiempo. Sabe eso, Rafael. La anciana está a punto de desencarnarse, pero siente una gran agonía ante la perspectiva de dejar a los gemelos desamparados. Esto la está deteniendo más allá de lo programado. Como nadie ha propuesto quedarse con los niños, doña Balbina prolonga su protección. La anciana sabe que sin duda terminarán yendo a un orfanato después de su partida, e incluso pueden estar separados. Esto, si no hay quien los adopte.

– ¿Y cómo están los niños hoy, profesor?

– Juancito y Janete, que actualmente tienen alrededor de tres años, gozan de muy buena salud. Son niños adorables, hermosos, rubios, graciosos, dulces y bien educados. Doña Balbina se siente desorientada y vive en un estado permanente de preocupación. Siempre reza a Nuestra Señora para que envíe alguna solución feliz para el caso y pide que Rosana también interceda a favor de los hermanitos.

– ¿Y cómo me incluí en este proyecto, Profesor Leonardo? – Rafael continúa su interrogatorio.

– Constatada la situación, el mensajero amplió sus investigaciones para encontrar la familia ideal para recibir a los niños. Se descubrió, entonces, que tus padres, Rafael, que residían en la granja vecina, personas honestas y de buenos principios, de buenos sentimientos, ahora se sienten muy solos con la partida del único hijo. Entonces, la solución encontrada para resolver ambas situaciones, sería la adopción de Juancito y Janete por la pareja, ¿entiendes? Y así, Rafael, te presentaron este proyecto para interceder con el Sr. Américo y doña Laura para aceptar recibir a los gemelos.

– Muy providencial y oportuna, realmente, esta iniciativa, queridos amigos. Pero, ¿cómo voy a hacer eso, precisamente?

– El plan es el siguiente: debes dictar una carta a tus padres pidiéndoles que llenen el vacío dejado en su hogar con su partida, rogándoles que adopten no solo un niño, ¡sino dos! Se darán las nominaciones y se espera que con esta apelación todo se resuelva adecuadamente. Entonces, ambos problemas se resolverán, ¿verdad?

– ¿Qué hay de la carta, profesor?

– Deberás preparar un borrador, con nuestra ayuda, mía y de Rosana. Una vez que se hayan realizado las ratificaciones, si es necesario, tendremos la versión final. En el día dado, sus padres serán intuidos para buscar al médium Francisco Cândido Xavier, en Uberaba. Luego se realizará el dictado y se transmitirá el mensaje. Al mismo tiempo, se harán vibraciones poderosas para que tus padres vayan a la granja de doña Balbina y se dejen llevar de amor por los niños. Si todo sale según lo planeado, el caso se resolverá convenientemente para la felicidad general. Tus padres ya no estarán solos, Juancito y Janete recibirán el apoyo que deseas y doña Balbina puede irse en paz. ¿Tenemos un trato?

El turno de Rosana llegó para intervenir:

– Profesor, quiero saber más detalles con respecto al viaje que realizaremos para cumplir este proyecto. ¿Los tres iremos en peregrinación? ¿La visita será solo a Uberaba o también podemos visitar nuestras casas?

– De acuerdo, Rosana, vámonos a estas aclaraciones Primero en cuanto a los participantes del viaje, o mejor, los viajes porque después de la tarea realizada en Uberaba, completaremos el itinerario. Los tres iremos porque naturalmente necesitarás apoyo e iluminación en el viaje. Para eso, es necesario que esté presente para asesorarte, ¿verdad? Visitaremos sus hogares en dos ocasiones diferentes: antes y después de Uberaba. Necesitamos estar bien conscientes de la situación de todos los involucrados en la planificación para que no haya fallas que puedan comprometer el éxito del proyecto, ¿están de acuerdo?

Rosana y Rafael se fueron juntos. Cuando se despidieron, el niño le entregó una hoja de papel doblada a su compañera, explicando que había algo que leer solo cuando estuviera sola.

Rafael todavía no se había alejó una gran distancia cuando la joven se apresuró a leer el contenido de la nota. Estaba ansiosa por saber lo que su querido compañero quería transmitir.

Desbordante de felicidad, la joven leyó este mensaje en versos que Rafael le había entregado:

"Rosana:
Si el Creador me diese un día
Todo en el mundo para elegir,
sin pensarlo, le pediría,
¡que luego me diese solo a Ti!"

La joven, emocionadamente, suspiró: "¡Oh! Rafael, ¡qué hermosa declaración de amor! ¡Gracias, querido!"

Rafael, algo preocupado por la reacción de Rosana, también se habría sentido igual de feliz si hubiera visto a su amada continuar hacia las habitaciones femeninas, rebotando y tarareando. Muy cerca del corazón, el papel con la rima.

XX
Revelación para Rafael

Al día siguiente, los participantes de ese proyecto que tenía como objetivo llevar a los padres de Rafael a la adopción de Juancito y Janete, los hermanos de Rosana.

Rafael ya estaba idealizando la carta que debe transmitirse a través de Francisco Cândido Xavier. Sin embargo, el joven quería saber más detalles sobre su propia historia para poder escribir mejor el mensaje.

Y esta fue precisamente la solicitud del niño al profesor Leonardo, pidiéndole que lo ayudara a aclarar los puntos aun oscuros de su vida. ¿Por qué no había vivido con su verdadero padre? ¿Cómo se había unido su madre al señor Américo? ¿Dónde había estado su padre antes que apareciera en la granja? ¿Por qué había exigido esa gran suma de dinero?

Leonardo, reflexionando sobre las afirmaciones justas de Rafael, busca encontrar una solución al caso.

– Sí, querido amigo, tienes toda la razón al querer escuchar sobre los eventos que culminaron en tu asesinato para estar mejor ubicados en este contexto. También reconozco tu deseo de conocer tu propia historia como bien fundada. Sin esto, será muy difícil no solo preparar la carta, sino integrarla perfectamente en el proyecto.

– Profesor – pronuncia Rosana – ¿no sería posible visitar la casa de Rafael ahora? Creo que de esta manera todo se aclarará. ¿Qué piensas sobre eso?

Rafael estaba entusiasmado con la sugerencia de su amiga.

– Sí, profesor Leonardo, no podría haber una mejor solución para el caso. Al hacer una visita previa a mis padres, pudimos ver cómo les iba en mi ausencia y también tratar de descubrir algo sobre mi historia. ¿Entonces, profesor?

Leonardo pasó su mano derecha a través de su cabello, su gesto característico cuando estaba pensando, y luego dijo:

– De hecho, estoy totalmente de acuerdo con sugerencia. Tal visita, sin duda, sería muy beneficiosa. Hagamos lo siguiente: mientras pasean por el patio, iré a la oficina de nuestro mentor para solicitar su autorización. ¿Tenemos un trato?

Rafael y Rosana se fueron, mientras Leonardo intentaba cumplir la tarea que le habían encomendado. Tenía grandes esperanzas de tener éxito en su petición, ya que la solicitud estaba muy bien fundamentada.

En el patio, Rafael había permanecido en silencio durante los primeros momentos. Era la primera vez que se encontraron de nuevo después que él le presentó la carta a la compañera. El chico estaba algo avergonzado, luciendo algo incómodo. ¡Pero pronto se desinhibió por lo que su querida amiga le dijo:

– Rafael, quiero agradecerte de corazón por tus hermosos versos. Me encantó tu declaración de amor. Y quiero que sepas que también eres muy querido para mí. Que Dios nos permita estar juntos en un próximo programa de encarnación. ¡Es todo lo que quiero!

El niño, por falta de mejores argumentos porque estaba aun más avergonzado entonces, tomó la mano de su compañera.

Y así fue, de la mano y con un aire de intensa felicidad, que regresaron a la oficina del profesor. Leonardo ya los estaba esperando y también sonrió alegremente mientras observaba a los jóvenes. Él ya sabía que había dos almas de ideas afines que, después de la feliz reunión, ya no desearían separarse. No pudo evitar recordar a su amada Lucinda, que había permanecido encarnada cuando llegó su convocatoria. Estaban totalmente comprometidos y con muchos planes para una vida matrimonial que terminó no materializándose en esa existencia. Pero dos almas que se aman nunca están realmente separadas, Leonardo lo sabía bien, y pacientemente seguirían esperando a su novia. Cuando ella misma regresara, continuarían sus cálidos anhelos de vida común...

– Mis queridos amigos, tengo buenas noticias. Se concedió la autorización para visitar. Mañana partiremos al plano terrestre.

Los dos jóvenes aplaudieron con alegría.

A la hora señalada, todos listos para el viaje, el profesor Leonardo entre los dos, tomados de la mano, se fueron.

Desde arriba, la Colonia parecía enorme, muy hermosa con sus jardines, arboledas y edificios.

Pronto vieron la Tierra. Rosana y Rafael estaban encantados con la vista de los lugares conocidos. Bajaron a la granja de los padres de Rafael, entre los árboles del huerto. El niño estaba abrumado por la emoción. Estaba ansioso por ver su antiguo hogar y encontrarse con sus queridos padres nuevamente.

– Profesor, ¿no hay peligro que nos vean? – Leonardo sonrió con la pregunta de Rafael.

– No existe tal posibilidad, amigos. Nuestro cuerpo vibra en diferentes dimensiones. El periespíritu es un material raro, perfecto y hermoso. Sin embargo, de tal manera que ocurre que uno tiene la clara impresión de llevar un cuerpo denso.

Nuestra condición es otra muy distinta. Tengan total confianza y mantengan la calma. Podemos ver y sentir, pero el encarnado no nos verá. Ni siquiera los inferiores desencarnados que deambulan pueden vernos sin que queramos. Los encarnados podrán sentir nuestra presencia, pero de una manera agradable y reconfortante. Entonces, atención y equilibrio, ¿estamos claros? ¿Estás listo, Rafael?

El joven solo asintió. Rafael observó que allí todo parecía seguir igual, pero al mismo tiempo, algo parecía fuera de foco. La tristeza en la habitación cubría todo en un color gris y melancólico...

Su padre conducía el tractor en ese momento, muy triste. Su madre estaba ocupada preparando la cena. Rafael, triste, descubrió que ambos estaban viejos, cansados...

¡Parecían más como lámparas cubiertas con una capa de polvo, lo que impedía la libre expansión de su luminosidad!

Con la cena lista, el señor Américo entró en la casa. Comieron en silencio, sin mostrar ninguna satisfacción por la comida, pero la comida parecía un castigo, una obligación. Luego la mujer retiró la mesa, dejando solo el mantel. Se sentó de nuevo en el mismo lugar que antes. Después de una larga pausa, hablaron.

– Creo – dijo el hombre –, que deberíamos haberle pagado a Joaquim lo que estaba exigiendo. Entonces, quizás, hubiéramos evitado la discusión y el accidente.

Rafael se dio cuenta que estaban hablando de su padre carnal.

Joaquim, así se llamaba.

– No, Américo, no es bueno ceder al chantaje. El chantajista nunca está satisfecho y siempre exigirá más y más. Calma tu corazón al respecto. No podríamos haber evitado la tragedia. No tiene sentido conjeturar ahora "si no fuera por esto, si no fuera por lo otro..." Entonces, ¿cómo podría saber que en ese fatídico día Rafael volvería temprano de la escuela? ¡No eres el culpable, hombre!

– ¡Fue a defenderme! ¡Él me amaba!

– ¡Cómo lo amabas también! Para Rafael siempre fuiste su verdadero padre. Gracias a Dios, murió sin descubrir nuestro secreto.

Se quedaron en silencio. El señor Américo, recostado en su silla, dormitaba. Laura estaba pensativa, su pensamiento perdido en el polvo del pasado. El profesor Leonardo aprovechó la ocasión favorable y puso las manos sobre la cabeza de la mujer. Al hacer una irradiación, alienta sus recuerdos para que puedan conocer los detalles de la historia que tanto le interesó a Rafael. Los pensamientos de Laura, tomando forma, podían ser vistos por los tres amigos, como si fuera una película. A medida que se desplegaban las imágenes, todo se aclaraba.

A una edad temprana, Laura había conocido a Joaquim y se sintió atraída por él. Aunque su familia no aprobaba esa relación, la chica se rebela e insiste en el romance. El chico era un tipo malo y ocioso. A medida que avanzaba el tiempo, Laura queda embarazada, el niño nace, se casan, incluso en contra de la voluntad de todos.

Cuando Rafael tenía solo dos meses, su padre practica un robo seguido de muerte, ¡Latrocinio! Laura sufre mucho. Con el arresto de su compañero, se encuentra sola y abandonada. Lamentablemente, su familia le niega toda protección. Laura tiene que trabajar duro como empleada doméstica para sobrevivir y mantener a su pequeño hijo.

Después de un tiempo, conoció a Américo, un hombre ya maduro, pero trabajador y muy respetado en el lugar. Una persona de excelente procedimiento, caritativa, la amaba y se unieron, asumiendo que Rafael era su hijo legítimo.

Para comenzar una nueva vida, se mudaron a vivir muy lejos. Aislándose en la granja, vivieron felices algunos años. El hijo creció fuerte, sano, adoraba a sus padres y era igualmente querido por ellos. Sin embargo, todo comienza a complicarse poco después que Rafael cumple 13 años.

Joaquim había sido puesto en libertad condicional y empezó a buscarlos Después de todo, al descubrirlos, comenzó a chantajearlos: ¡o le daban lo que él exigía o le decía al niño toda la verdad! Al principio, el Sr. Américo cedió a las amenazas, en contra de la opinión de Laura, quien consideró más conveniente denunciarlo a la policía.

Ese fatídico día el chantajista, diciendo que tenía una deuda que pagar, exigió una suma mayor. Hubo una discusión, Rafael llega, se interpone entre los litigantes y recibe el disparo mortal. El accidente fue explicado a todos por haber sido causado por un ladrón que, atrapado en un flagrante delito, había terminado disparando al niño. No revelaron nada de la historia real, manteniendo un secreto absoluto. No habiendo motivos para la desconfianza, todos creyeron esa versión.

XXI
Conociendo a Chico

Estaba oscureciendo. Leonardo invitó a sus amigos a visitar a Chico Xavier, para conocer el trabajo mediúmnico de psicografía. Rafael besó a su padre y a su madre, despidiéndose. Se tomaron de las manos y se volvieron.

En minutos, estaban en Uberaba, fueron directamente al Centro Espírita donde trabajaba Chico. Rafael y Rosana admiraban la simplicidad del lugar. Para los encarnados, la construcción del edificio es simple, un salón con sillas para los asistentes encarnados, frente a una mesa con sillas. Pero para los desencarnados, además de la sala para el trabajo mediúmnico, hay una gran mesa de ayuda construida en la parte superior. En este Puesto de Socorro de construcción astral mental, hay un pequeño hospital, una recepción y una sala de consultas. Todo como la construcción de los encarnados, simple y limpio, teniendo solo lo necesario.

Se presentaron en la recepción y un caballero de aspecto agradable. y cortés los atendió sonriendo. Leonardo explicó:

– Vinimos, mis alumnos y yo, para ver el lugar, para ver el trabajo mediúmnico con Chico. Somos Leonardo, Rafael y Rosana.

El señor los buscó en la lista.

– Aquí están. Hoy vinieron a ayudar en el aprendizaje. El día veinte, Rafael vendrá a dictar un mensaje a sus padres. ¿Verdad?

– Así es.

– Vaya cómo están organizados – dijo Rafael.

– El orden existe en todos los lugares donde reina el Bien. Tus padres no vinieron ni pidieron un mensaje y nuestra solicitud ya se ha anotado – explicó Leonardo.

– ¿Es así con todos los que escriben mensajes? ¿Así pasa? – Pregunta Rosana.

– No con todos. La mayoría están escalados así. Pero, hay quienes llegan con los encarnados. Si pueden, si están en condiciones de escribir y hay una vacante en la lista, pueden dictar un mensaje. Los organizadores aquí siempre dejan una o dos vacantes para eventualidades. Se programa una cantidad más o menos cierta de espíritus para cada noche para dictar mensajes. Los asesores del Educandário preguntaron y marcaron por usted.

– Leonardo, ¿si mis padres no pueden venir este día?

– Onofre les avisará, y se programará para otro día.

– ¿Muchas personas desencarnadas piden escribir sin la presencia de seres queridos? – Preguntó Rosana

– Hay solicitudes como esa, pero los mensajes deben ser solicitados por los encarnados. Nunca deberían ser ofrecidos. Cuando los seres queridos preguntan, entras en el rango mental del desencarnado y todo se vuelve más fácil.

– Leonardo – dijo Rafael con curiosidad –, si el encarnado está aquí, ¿viene y pide un mensaje de alguien que está perturbado, vagando por el Umbral?

– Los espíritus realmente tienen que estar bien, ayudados, para dictar mensajes. No todos los encarnados que solicitan mensajes pueden recibirlos. En este caso, el encarnado no recibe nada y el equipo que trabaja aquí va a este desencarnado y, si es posible, lo ayuda. Si los encarnados regresan la próxima vez, entonces quizás el espíritu ya pueda escribir.

– ¿Hay personas desencarnadas que no quieren escribir? – pregunta Rosana.

– Solo en un caso muy raro. Por lo general, si el desencarnado está bien, quiere informar. Es muy agradable comunicarse con sus seres queridos.

Entraron en la sala y se quedaron en la parte reservada para los visitantes desencarnados. Hubo muchos visitantes. Había un grupo de estudiantes con sus instructores que querían aprender. Se sentaron en sillas simples pero cómodas. Rosana y Rafael estaban prestando atención a todo. Los trabajadores llegaron en grandes cantidades, todos simples y felices. Cercaron el ambiente.

– Lo cercan para mantener la buena vibración – dijo Leonardo –, pero también para evitar que los hermanos oscuros entren y arruinen el lugar.

– ¿A los espíritus perturbados por el mal les gusta entrar en estos entornos? – Pregunta Rosana.

– A estos hermanos siempre les gusta equivocarse, pero apenas intentan entrar en lugares serios. La oscuridad siempre intenta apagar donde se enciende la luz.

El trabajo comenzó, estaban encantados. Rosana se conmovió hasta las lágrimas cuando vio a Chico Xavier.

– ¡Qué hermoso espíritu! ¡Qué bueno mirarlo!

– Es verdad – dijo Leonardo – Chico irradia lo que es, transmite paz, armonía y equilibrio.

Estaban encantados nuevamente por la presencia de Emmanuel. Chico y Emmanuel juntos irradian luz que ilumina el lugar para los desencarnados como el día. Los dos amigos trabajan en perfecta armonía.

Rafael, queriendo aprender, fue muy atento. Vio que los desencarnados, los trabajadores, organizaban la cola y el trabajo.

El trabajo de psicografía comenzó. Siempre con el consejero espiritual presente. Los supervisores pusieron al espíritu elegido para escribir al lado del médium y ambos estaban en sintonía. Los cables conectaban las mentes de los desencarnados con los encarnados. ¡Qué maravilla! La persona desencarnada dictaba el mensaje, o se acercaba colocando su mano en la mano del médium, quien escribía.

Entonces todos los escaladores escribieron con provecho.

Muchos después de dictar, lloraron de emoción.

Muy tarde, el trabajo había terminado. Los encarnados se conmovieron, lloraron mucho, agradeciendo al médium. La gratitud de todos fue general. Los trabajadores alegres como siempre. Nosotros, los visitantes, nos fuimos felices.

Leonardo nos invitó a irnos.

– Leonardo, ¿no puedo visitar a Joaquim, mi padre? – Preguntó Rafael.

– Como su asesor, sé dónde está la ciudad que reside actualmente. En este momento debe estar en un bar. ¿De verdad quieres verlo?

– Sí, quiero.

Condujeron a una ciudad lejos de donde vivían sus padres, se detuvieron en una plaza. Caminaron hacia un bar. Sentados en una mesa había un grupo de hombres que apenas estaban en contacto. Hablaban y se reían a carcajadas, bebían y fumaban.

– ¡Es este! – señaló el asesor de Rafael.

Rafael se acercó, lo reconoció. Lo vio por unos momentos ese día de la tragedia. Su padre era extremadamente desagradable para él.

Rafael sintió pena por él. Se acercó aun más y trató de intuirlo, trató de hacerle pensar en él, sobre el accidente que resultó en su muerte. No hizo nada, ese hombre insensible solo pensaba en los placeres.

– Ven Rafael – dijo Rosana –. Este hombre planta olvidando la cosecha. Nada que ver con él. Déjalo.

– Es cierto – completa Leonardo –. Se olvida de la infelicidad de su cosecha. Nota que Joaquim pone su mano sobre su estómago mucho. Veo adentro, tiene cáncer, pronto tendrá un dolor horrible y estará solo. Sus amistades son por placer, no compañeros de dolor. Que Dios lo ayude a reconocer el dolor como un reajuste. Rosana tiene razón, dejémoslo.

Rafael lo miró con lástima.

– Que pienses en mí en tu cosecha. Te perdono de corazón.

Salieron de ese bar donde no solo los encarnados eran extraños, sino que los desencarnados eran horribles, sucios y vestidos de una manera extravagante. También bebían y fumaban haciendo un alboroto.

Regresaron a la granja de los padres de Rafael. Sus padres dormían. Rafael vio que en su antigua casa había un desencarnado muy agradable que no conocía. Leonardo trató de presentarlos.

– Este es Onofre, que trabaja en el equipo de Chico Xavier. Él está aquí ayudándonos, fortaleciendo la idea que Laura vaya a Uberaba. Serán instruidos. Onofre guardará en ellos el recuerdo y la voluntad de ir. Esto está sucediendo en respuesta a una solicitud de doña Balbina y Rosana, todo esto en un intento por encontrar un nuevo hogar para los huérfanos.

– Mis padres no son espíritas, ¿cómo sabía mi madre acerca de esta posibilidad? – Preguntó Rafael.

Leonardo respondió:

– Una amiga, al ver a tu madre tan triste, le dio un libro de mensajes de Chico Xavier. Ella lo leyó, le encantó, y de allí surgió el deseo de recibir un mensaje tuyo.

– ¡Tantos buenos eventos provienen de un libro espírita! – Exclamó Rosana.

– Vayamos a la granja vecina y veamos nuevamente a la familia de Rosana – dijo Leonardo.

Todos dormían, excepto doña Balbina que rezaba rogando a Jesús para cuidar a sus hijos. Deja que Rosana los ayude.

Cuando Rafael miró a Rosana, notó que sus ojos estaban llenos de lágrimas. Él le sonrió, motivándola. Rosana se controló, besó a la abuela y sus hermanos. Leonardo le dio un pase a doña Balbina que se durmió tranquilamente.

XXII
Los padres de Rosana

Tan pronto como regresaron a la Colonia, Rafael redactó la carta. Pasó todo el tiempo pensando cómo hacerla. Después de orar, escribió una larga carta que sería dictada como un mensaje. Una hora después, se la mostró a sus amigos. Leonardo la leyó en voz alta, modificó algunos textos, cambió frases, le pidió a Rafael que pusiera otras expresiones. Rafael lo hizo con placer, quería que su mensaje fuera perfecto, pensó que la opinión de su amigo era genial.

Esto ocurre con casi todos aquellos que dictan mensajes a sus seres queridos. Se realiza un borrador antes y los asesores leen el texto dando opiniones. Otros, que tienen dificultades para escribir y no expresan bien sus ideas, reciben ayuda para elaborar este borrador. Además, porque es de buen gusto que los encarnados reciban cartas con optimismo, evitando quejas innecesarias. Y que estos mensajes consuelen y fortalezcan los lazos de afecto entre los dos planos.

– Estos borradores están censurados – dijo Rosana en broma.

– Casi este intercambio existe para fortalecer la amistad, amor y no crear dificultades y enemistades. Son consuelos que no pueden generar preocupaciones. Son indulgentes, afectuosos y no pueden traer desarmonía – respondió Leonardo.

– Rafael, ¡el mensaje es hermoso! – Animó Rosana – . A tus padres les encantará recibirlo. Y, gracias por el intento que hacen para que se queden con Juancito y Janete.

– Quiero que los tengan a ambos. ¡Realmente lo quiero! Los amo porque son tus hermanos. Después, es muy triste verlos a solas con su abuela tan enferma que está a punto de morir. Tienen tanta necesidad de protección y amparo y, además, tan cerca, mis padres están tan solos y pueden brindarles la protección que se merecen. Que Jesús nos ayude y deje que todo salga bien. Espero con ansias que llegue el día veinte y pueda dictar este mensaje a los míos.

Leonardo animó a Rafael con cariñosas caricias de vuelta y dijo:

– Onofre está emocionado, me dijo que tus padres realmente van a Uberaba debido a la importancia de tu carta, recibirán tu mensaje la primera vez. Por la noche, volveremos a visitar a tus padres.

Rafael y Rosana le agradecieron a Leonardo, se despidieron, y salieron de su oficina y caminando por el jardín.

– Rosana, ¿dónde están tus padres? ¿Están bien? – Preguntó Rafael con mucho cariño.

– Gracias a Dios, al Padre Misericordioso, están bien. Viven aquí en la Colonia, al otro lado, la de los adultos. Solo que aun no pueden ayudar. Todavía se están recuperando, aunque estudian y hacen pequeñas tareas. Siempre los veo.

– ¿Puedo ir contigo cuando los veas?

– ¿Vamos ahora?

– Vamos.

Rosana pidió permiso a Lúcia. Con la autorización, pasaron al otro lado de la Colonia, dejando atrás al Educandário. Rafael conocía toda la Colonia. Leonardo siempre llevaba a sus alumnos de excursión a visitarla, ahora en la escuela, ahora en el hospital, ahora en la Biblioteca, en resumen, en todas las ramas de la Colonia. Pero con Rosana, todo era diferente, en su compañía hizo todo más hermoso.

Los padres de Rosana, Rodolfo e Ivone ya los estaban esperando, como Lúcia les había comunicado. Felizmente recibieron a su hija y su amigo.

– Hola Rafael – dijo Ivone –, me alegro de verte. Qué hermoso eres. ¿Cómo estás? Tenemos noticias que pronto escribirás un mensaje a sus padres hablando sobre Juancito y Janete

– Estoy bien, gracias – respondió Rafael algo avergonzado –. Escribiré sí, intentaré transmitir la solicitud. Espero que me respondan.

– Inténtalo sí, Rafael, intenta con toda amabilidad – dijo Rodolfo. Américo y Laura son nuestras esperanzas, fueron nuestros vecinos, son grandes personas, padres que queríamos para ellos. Entonces, queremos que estén juntos, que estén bien atendidos y felices. Que su educación sea un buen ejemplo. ¡Son tan pequeños!

Rodolfo se llenó los ojos de lágrimas. Ivone, al ver a Rafael aprensivo, cambió de tema.

– ¿Te gusta aquí?

La conversación transcurrió sin problemas. Mostraron las dependencias de la casa donde se alojaban junto con otras personas. La casa era muy hermosa, limpia y decorada con buen gusto, con un hermoso jardín que la rodeaba.

Se despidieron y regresaron al Educandário. Rafael dejó a Rosana en su habitación femenina y fue a su habitación. Y se preguntó.

¿Y si no funciona el mensaje? ¿Si no puedo transmitir correctamente? Sabía que no era fácil para un médium recibir y transmitir hechos que no conoce. ¿Cómo recibirían mis padres el mensaje? ¿Lo creerían? ¿Cómo recibirían el mensaje con la solicitud? ¿Aceptarán quedarse con los chicos? ¿Tomarían ellos esta responsabilidad?

Los padres estaban preocupados por los niños, pero al mismo tiempo esperanzados. ¿Podría tener esperanza? ¿Qué sentiría si sus padres no lo creyeran? Sin duda estaría triste después de tanto trabajo. ¿Y si no quisieran quedarse con los niños? Rosana iba a estar triste. No quería que su amiga estuviera triste.

Para tranquilizarse, rezó con fe a Jesús, pidiéndole ayuda a este amigo nuestro para que funcione y que sus padres adopten a los dos huérfanos.

En otro día, por la noche, Leonardo llevó a Rafael a ver a sus padres. Rosana no fue esta vez. Onofre les dio la bienvenida cómodamente.

– Vamos, Rafael, mira lo que hacen tus padres.

Sus padres se estaban preparando para el viaje. Empacaron sus maletas, irían a la mañana siguiente. El viaje sería largo. Conducirían a la capital del estado donde vivían, después de tomar un avión a São Paulo y luego un autobús a Uberaba. Viaje que duraría todo el día y parte de la noche. Su madre, esperanzada, habló con su padre.

– Américo, funcionará. Siento que recibiremos un mensaje de Rafael. La vida no puede terminar con la muerte. Lo siento vivo, bien y con ganas de decirnos algo. Quiero estar segura de todo esto. ¡Creo en Chico Xavier! ¡El libro que leí es tan hermoso!

– No sé Laura, tal vez no deberíamos tener tantas esperanzas. Estoy haciendo este viaje por ti. No sé si los muertos escriben, pero al mismo tiempo, pienso: si Dios existe, nos hizo eternos, tal vez los muertos puedan escribir.

– El Espiritismo no llama a los que murieron muertos, sino que desencarnaron. Como Sheila me explicó, el cuerpo muere, el alma o el espíritu vive, por eso hablan sin cuerpo, es decir, el que dejó la carne, el cuerpo.

Hablaron sobre el viaje y se fueron a dormir.

– ¿Vamos a ver a mis hermanitos? – preguntó Rafael a Leonardo.

– ¿Ya los llamas hermanos?

– Leonardo, tengo miedo. Vi el proceso de transmisión del mensaje, me encantó. Pero me temo que no podré. Me temo que mis padres no me entenderán. Rosana y sus padres sufrirán al ver a los dos niños en el orfanato o separados con la muerte de doña Balbina.

– Confía en nosotros, Rafael. En cuanto al mensaje, si sabes transmitirlo, serás ayudado por los trabajadores desencarnados del Centro Espírita. En cuanto a si tus padres aceptan tu sugerencia o no, solo dependerá de ellos. Se respetará su libre albedrío. Pero, después de conocer a tus padres, soy optimista. Además, Rafael, que nadie es huérfano del Amor de Dios. Juancito y Janete serán apoyados donde sea que estén.

– Leonardo, vi preocupados a los padres de Rosana. No pensé que los desencarnados pudieran estar preocupados.

– Cuando nos desencarnamos no perdemos la individualidad y no olvidamos a los que amamos. Solo se olvidan los desencarnados que deambulan inconscientes, aquellos que están preocupados por el remordimiento. Cuando queremos bien, siempre nos preocupamos. Sufrimos juntos, lloramos, sonreímos, la vida continúa. Los padres de Rosana están realmente preocupados y con razón. No es fácil dejar niños huérfanos, especialmente ahora que doña Balbina está a punto de desencarnar y porque estarán solos. Están tan preocupados que no están autorizados a visitarlos, pero conocen todos los eventos. Preocupados como están, no transmitirían nada bueno a los dos huérfanos y podrían dañar a los encarnados y a ellos mismos.

– No Es fácil ver a los que amamos con problemas. Ver tristes a mis padres me inquieta, pero sé que son adultos y que se apoyan mutuamente. Es diferente con los gemelos, son muy pequeños y dependientes. Doña Balbina está pidiendo tanto esta gracia. Haré todo lo posible para que mis padres den la bienvenida a los dos huérfanos.

Se detuvieron para ver a los niños. Estaban bien. De nuevo Leonardo le dio pases a doña Balbina, fortaleciéndola.

Regresaron a la Colonia.

XXIII
Nuevos amigos

El viaje fue agotador. Américo y Laura estaban aprensivos, pero también esperanzados. Hablaron poco durante el viaje, cada uno pensando en el pasado, recuerdos que terminaron en tristeza. Suspiraron mucho, intercambiaron miradas. La desencarnación de Rafael fue una gran pérdida y un dolor enorme para ellos.

Llegaron a Uberaba, buscaron un hotel, se alojaron y fueron en busca de información sobre el Centro Espírita donde trabajaba Chico Xavier. Cuando se le preguntó al conserje del hotel, una pareja llegó para quedarse.

– ¿Desea información sobre cómo recibir mensajes? Lo siento si me entrometo. Pero también vinimos aquí para este propósito. Hemos estado aquí antes y agradecemos a Dios por el tan esperado y maravilloso mensaje. Si quieres ir con nosotros, pronto iremos al Centro Espírita donde trabaja Chico Xavier – dijo el hombre cortésmente.

– Sí, gracias – respondió Américo.

– Espéranos en el pasillo, bajaremos pronto – concluyó el señor.

Américo y Laura se sentaron en las cómodas sillas del hotel mirando, distraídos, la televisión. La pareja no tardó mucho en regresar y presentarse.

– Somos Mariza y Ary, mucho gusto.

Después de las presentaciones, hablaron intercambiando opiniones sobre la agradable ciudad. Ary los invitó a ir al Centro.

– Vamos a conocer el Centro Espírita de Oración, verás cuán simple y encantador es todo al mismo tiempo. Luego visitaremos el hospital Fuego Salvaje. ¿Quieren ir con nosotros?

– No tenemos nada que hacer, lo haremos – dijo Laura.

Mariza y Ary animaron a Américo y Laura con una conversación agradable. La amigable pareja había venido en automóvil y se convirtieron en cicerones mostrándoles la ciudad. Fueron al Centro Espírita de Oración. De hecho, todo está limpio, demasiado simple y muy agradable.

– Aquí respiras paz – dijo Laura.

– Es cierto – concluyó Américo –. Aquí hay paz y armonía.

Había poca gente en el lugar en ese momento. En unos minutos conocieron todo el lugar. Las dos parejas irían al día siguiente para pedir mensajes de sus hijos. La amigable pareja preguntaría por la hija que falleció hacía tres años.

Después de orar, oración en la que Laura pidió a Jesús para que el hijo pudiera decirles algo, se fueron.

Fueron al hospital. No era de día de visita, pero Ary y Mariza eran amigos de la supervisora del hospital, doña Aparecida, y se les permitió llevar a Américo y Laura a visitar el lugar. Américo y Laura quedaron impresionados al ver a niños, jóvenes y adultos con la enfermedad del incendio forestal. Algunos pacientes tenían sus cuerpos cubiertos de llagas. Sabían que las burbujas les molestaban mucho. Laura y Américo fueron tocados por el dolor, la enfermedad de tantos hermanos. Hablaron con algunos pacientes. Mariza y Ary los animaron diciendo palabras de incentivo. Los padres de Rafael solo hicieron algunos comentarios, no sabían qué decir. Encerrados en su propio dolor, se asombraron de los demás, de los hermanos en el dolor. Los enfermos hablaban de sí mismos, de su anhelo y preocupación por los que estaban lejos. Allí estaban enfermos de varias partes de Brasil. Vieron que allí no solo fueron tratados por la enfermedad del cuerpo, sino también por el espíritu. La mayoría de los pacientes estaban resignados y esperanzados. Laura no pudo evitar decirle a Mariza:

– ¡Parece que entienden por qué están enfermos!

¿Con un sufrimiento así no era para rebelarse?

– Este hospital tiene dirección espírita y los seguidores encarnados de la Doctrina reconfortante los consuelan. Aquí en las enseñanzas evangélicas hay lecciones de la vida real. Pero incluso entonces, hay quienes se rebelan. Aquí intentan ayudar al individuo, curando el cuerpo y fortaleciendo el espíritu.

A la salida, Ary y Mariza dejaron una suma de dinero para el hospital. Ary explicó:

– Cada vez que visitamos Uberaba, también visitamos este Hospital. Aquí aprendemos que no somos solo nosotros quienes sufrimos. Al ver el sufrimiento de los demás, comprendemos y suavizamos el nuestro. El tratamiento de esta enfermedad es costoso y el Hospital siempre está en dificultades, ya que la mayoría de los pacientes son pobres y no pagan nada.

Américo también dejó su contribución. Salieron del hospital de manera diferente. No hay nada como ver mayores dolores para entender los nuestros. Allí los niños vivían separados de la familia, vieron madres, padres que dejaron los suyos, a veces hasta ahora. Como también vieron los dolores que la enfermedad causa.

Ellos volvieron al hotel. Los nuevos amigos los invitaron a cenar y conversar. Como la reunión del Centro Espírita solo sería al día siguiente, tendrían tiempo. Estaban indecisos, pero aceptaron.

Después de la cena comenzaron a hablar sobre sus hijos desencarnados. Ary, siempre amable, dijo:

– Caramba, nuestra hija falleció a la edad de dieciséis años con un tumor cerebral hace tres años. Ella era nuestra única hija. Estuvo enferma durante dos años, hicimos todo lo posible para verla sanar. Nuestra pequeña sufrió mucho y verla sufrir nos lastimaba. Cuando desencarnó, lo sentimos, pensamos que nos volveríamos locos de dolor. Un amigo nos presentó un libro espírita, lo leímos, nos gustó y apreciamos la idea de venir aquí para pedirle ayuda a Chico Xavier. La primera vez que vinimos, recibimos un mensaje solo de Eliane. Dijo amorosamente que deberíamos tratar de consolarnos y que estaba bien.

Esto es suficiente para nosotros en este momento. Comenzamos a leer libros espíritas y, como por milagro, llegó el consuelo. Hoy somos espíritas, amamos la Doctrina. La segunda vez que vinimos aquí, estábamos más tranquilos y en pareja, como lo hicimos hoy, con ustedes, nos llevaron al hospital, al orfanato y a la guardería. Estas visitias fueron como un consuelo para nuestros corazones.

Laura también habló sobre la desencarnación de Rafael, habló sobre el ladrón, el accidente y la falta que sentían por su hijo. Terminó preguntando:

– ¿Recibiste un mensaje de Eliane?

– Sí, lo hicimos, ¿quieren verlo? – Preguntó Mariza.

– Sí – respondieron Américo y Laura juntos.

– Vamos al hotel, se lo mostraremos.

Fueron al hotel. En la habitación, Ary mostró un paquete con mensajes. Tenían un tesoro precioso. Ary leyó en voz alta y comentó.

– Este es el primero. Me llama "papi", como siempre hacía cuando quería complacerme.

– En este, ella habla de su abuela Nita, a quien nunca conoció – explica Mariza.

– Escucha este, ¡qué hermoso! – Exclama Ary emocionado –. Nos pide que no lloremos, que comprendamos que ella vive en algún lugar mucho más hermoso. Que no la perdimos, que siempre será nuestra hija y nosotros sus padres. Que somos los mejores padres del mundo.

– Laura – dijo Mariza – los mensajes son bálsamos para nuestra nostalgia. Muchos reciben y no creen, otros como nosotros, realmente creímos. Creemos que fue nuestra Eliane quien nos escribió. Es por la forma de hablar, sus expresiones, que reconocemos que es ella.

Además – dijo Ary queriendo explicar – tenemos que entender el trabajo de intercambio, donde ellos, los desencarnados, dictan a los encarnados. El médium, en este caso, es el instrumento encarnado que tiene su cerebro, y el mensaje pasa a través de su conocimiento. No es un intercambio fácil, requiere esfuerzo de ambos lados. Chico Xavier se dedica amablemente a este intercambio con gran amor y logra transmitir con gran fidelidad lo que los desencarnados quieren decir.

– ¿Existe solo él que hace este tipo de trabajo? – Preguntó Américo.

– No – Ary respondió –, hay otros médiums, pero como la responsabilidad es grande y el trabajo requiere mucha dedicación y amor, pocos lo hacen.

– ¿Será que vamos a recibir un mensaje de Rafael? – Pregunta Laura esperanzada.

– Confiemos – la animó Mariza.

Hablaron por horas. Américo y Laura se sintieron bien en su presencia, se entendieron por el dolor de la misma pérdida, la desencarnación de sus únicos hijos.

Se despidieron y acordaron el otro día visitar el orfanato y la guardería juntos. Américo y Laura durmieron tranquilamente como no lo habían hecho en mucho tiempo.

Al día siguiente, pronto por la mañana, visitaron el orfanato y la guardería dejando sus donaciones y fueron a una librería espírita donde hicieron sus compras. Ary ayudó a sus amigos a elegir los libros, donde comenzarían a entender la Doctrina Espírita que es tan consoladora y tan bien transmitida.

Almorzaron juntos. Luego regresaron al Centro Espírita para hablar con Chico y hacer sus pedidos. Permanecieron juntos hablando, intercambiando ideas sobre los libros que compraron. Ary y Mariza, con más conocimiento, explicaron a sus nuevos amigos lo que sabían. Las horas pasaron rápidamente. Cuando llegó el momento que Américo y Laura hablaran con el médium, la madre de Rafael no pudo evitar llorar. Mirar, ver a Chico de cerca es entrar en un estado consolador. Humildemente pidieron el mensaje de su hijo.

XXIV
El mensaje

Llegada la hora, Rafael, Rosana y Leonardo volitaran hasta Uberaba. Rafael estaba ansioso, pero trató de mantener la calma. Fue Onofre quien acompañó a los padres de Rafael en el viaje. Cuando vio a los nuevos amigos entrar al lugar, fue a darles la bienvenida y alentó a Rafael.

– Tus padres tienen esperanzas. Me parece que creen.

Sus padres ya estaban en el Centro Espiritual de Oración juntos con la pareja amiga. Oraron con fe, le pidieron a Dios que les permitiera recibir el tan esperado mensaje. Rafael fue hacia ellos y los besó. Momentos después, uno de los trabajadores desencarnados del Centro llamó a Rafael y lo puso en la cola. Sería el cuarto en dictar un mensaje entre los escalados de la noche.

– Hola soy Eliane. ¿Eres Rafael?

Una linda chica se acercó sonriendo a Rafael que respondió tímidamente.

– Hola, sí soy Rafael.

– Mis padres son los que están al lado de los tuyos.

Se conocieron en el hotel ayer y se hicieron amigos.

– ¡Qué bien! Mis padres necesitan amigos. ¿Tú dictarás un mensaje?

– Sí. Me encanta escribirles, ¡ellos se ponen tan alegres!

Sonrieron. Eliane regresó a su lugar en la cola. Rafael notó que todos tenían hojas de memoria en sus manos. Lo sostuvo con todo el cuidado y afecto.

Rafael aguardaba ansiosamente la llegada del médium, conocía algunas obras que Chico Xavier psicografió, leídas después de desencarnar, en la biblioteca Educandário. Realmente le gustaron estos libros. Chico, como siempre, humilde y simple, ingresó al Centro Espírita acompañado de algunos encarnados y muchos desencarnados. Al ver a Emmanuel, se conmovió hasta las lágrimas. ¡Qué espíritu tan hermoso y simple es este fantástico escritor! Su luz irradia por todo el centro. Miró amablemente a los que estaban en la fila, sonrió y habló en voz baja:

– Por la bondad de Dios, podrás dictar mensajes de afecto y optimismo a tu familia esta noche. Nosotros te ayudaremos. Tu agradecimiento solo debe ser al Padre por esta oportunidad.

La emoción de Rafael pasó y él estaba tranquilo, seguía mirando a Chico y Emmanuel. Estaba encantado con el afecto de estos dos amigos, con la belleza de sus espíritus.

El trabajo comenzó. Pronto fue el turno de Rafael para escribir. Todo era mucho más simple de lo que pensaba Rafael. Dictó fácilmente y el médium escribió fielmente. Emmanuel se mantuvo cerca ayudándolo. Todo salió como en su boceto, perfecto. Con mucho gusto, besó la mano del médium cuando fue posible que firmara su nombre. Cuando terminó, dejó la cola y pudo pararse al lado de sus padres.

Los mensajes han sido leídos. Américo tomó la mano de Laura, los dos lloraron de emoción. Ary y Mariza también estaban felices con el nuevo mensaje de su hija. Después del final, se sentaron allí releyendo el mensaje.

– Los acompañaremos – dijo Leonardo –. Ahora vamos al hotel, veamos qué piensan realmente del mensaje.

– Leonardo – Rosana habló con entusiasmo –, ¡qué belleza de trabajo!

– Todo lo que se hace con amor deleita a todos.

– Chico Xavier es realmente un gran médium – Rafael expresó con emoción –. Nuestro intercambio fue perfecto, escribió todo lo que dije. No temía por nada que no pudiera transmitir nombres, pero fue fácil, gracias a Dios.

Los padres de Rafael regresaron al hotel con un par de amigos. Los cuatro emocionados y felices hablaron sobre los mensajes.

– Eliane está bien, estudia y trabaja en el Plano Espiritual, Ary habló con orgullo. Saber que nuestra hija es feliz, nos hace felices y estamos agradecidos.

Américo y Laura también comentaron el mensaje de Rafael, sin profundizar en los detalles, en los extractos en los que el hijo habló de sus secretos. Diciendo que estaban cansados, fueron a la habitación queriendo estar solos para comentar el mensaje.

En el dormitorio, lo leen de nuevo. El mensaje era largo.

Rafael se refirió al padre como un padre amoroso, que estaba agradecido por haberlo criado con tanto cariño. Lo llamó un padre sincero y fue mucho más su padre que el extraño que lo generó.

– ¡Dios mío! – Américo suspiró –. Nuestro Rafael lo sabe. ¿Cómo puede Laura, el médium que nunca nos vio, pudo conocer este detalle que solo ambos conocemos? Lo creo ahora. Tenías razón, es nuestro Rafael quien nos escribió.

Laura continuó leyendo.

Rafael conmovió emocionalmente a sus padres por todo el afecto, les pidió que se consolaran. Que estaba bien y feliz.

Que los amaría por siempre. Que sus objetos, juguetes, todos mantenidos en su habitación, necesitaban nuevos dueños. Que él, estando bien, quería que ellos también lo estuvieran. Que él sentía su amor y que también era para ellos sentir el suyo. Amor puro que los acompañaría por siempre. No se sentía huérfano. Su amado hijo siempre sería suyo. Pero si lo hicieron, quedaron huérfanos de hijo. ¿Cómo sería posible para él tener hermanos, porque el padre (como él dijo) ya no podía tener hijos? Quería que adoptaran a estos hermanos. En esta parte, Laura dejó de leer y Américo dijo:

– Este detalle solo era conocido por nosotros. Laura, fue Dios el Padre quien nos guió aquí para ser consolados. ¡Lo que dice Rafael en este mensaje es la verdad!

Laura continuó leyendo. Rafael dijo que, pensando en ellos, feliz y con un hogar dichoso, quería terminar con la soledad que veía en ambos. Les estaba dando dos hijos, niños que necesitan padres. "Por favor", escribió, "son dos huérfanos que necesitan amor, amor que permanece en nuestro hogar." Los dos huérfanos son de la granja vecina que los esperaban, padres maravillosos, y para dar felicidad a la casa ahora tan triste. Cuando volvieron a visitar la casa, Rafael quería ver a los dos jugando con sus juguetes y recibiendo el afecto de sus padres. Esto sería maravilloso

– ¡Qué increíble! – Rafael cita los nombres de doña Balbina y los huérfanos Juan y Janete – comentó Laura.

– Es verdad. Encerrados en nuestro dolor, ni siquiera prestamos atención a las dificultades de la granja vecina. De hecho, doña Balbina está muy enferma. Y los nietos no parecen tener a nadie más.

– ¡Pobres! ¿No podemos ayudarlos? ¿Qué hacer? ¿Qué nos propone Rafael? ¿Que nos quedemos con los gemelos? – Dijo Laura, conmovida.

– Pensemos con calma. Adoptar es mucha responsabilidad – dijo Américo con seriedad –. Entonces ni siquiera sabemos si doña Balbina nos dará a los niños. Primero tenemos que saber lo que realmente sucede en la granja vecina para planificar. ¿Qué pasa si ya dio a los niños? Cuando regresemos, iremos allí para evaluar la situación. Ahora oremos, demos gracias a Dios y dormiremos. Mañana tenemos que levantarnos temprano.

Leonardo se acercó a Laura e intentó intuirla.

– Oremos, agradezcamos el maravilloso regalo que hemos recibido. Recibimos mucho hoy, este mensaje fue muy gratificante. ¿No deberíamos hacer un poco a los demás por la cantidad que hemos recibido? ¿No estamos pensando demasiado para aceptar dos regalos? Los niños son regalos de Dios. Son gracias del Padre.

– Quizás tengas razón Laura, pero ya es tarde, vamos a dormir. Tendremos mucho tiempo en el viaje para hablar y resolver.

Leonardo llamó a Rosana y Rafael, tendrían que volver a Colonia.

– Leonardo, ¿responderán a Rafael? – Preguntó Rosana ansiosa.

– Eso esperamos. Onofre viajará con ellos y les indicará que adopten a los niños. Sin embargo, tienen el libre albedrío, solo lo harán si lo desean.

– Creo que sí, eso espero – Rafael sonrió. Esperanzados volitaron a la Colonia.

Al otro día temprano, los padres de Rafael fueron a despedirse de sus amigos que también se iban. Se abrazaron conmovidos.

– Muchas gracias – dijo Laura –. Nos has ayudado mucho.

– Fue un placer – respondió Mariza con alegría – Intercambiaron direcciones, prometieron escribir y se despidieron.

Américo y Laura regresaron a la granja.

XXV
La visita

Regresaron a la Colonia. Todos estaban ansiosos esperando la decisión de los padres de Rafael. Rodolfo e Ivone los estaban esperando.

– ¿Cómo les fue? – Querían saber. Ellos contaron todos los eventos.

– Oremos – dijo Ivone –, para que decidan quedarse con nuestros hijitos.

– Onofre los acompañará y a menudo voy a ellos y aprovecho cada momento posible para alentarlos a que se queden con los niños – Leonardo los alentó –. Doña Laura ya quiere a los niños, convencerá a su esposo.

– Que Dios te escuche – dijo Rosana. Se fueron a descansar.

Al día siguiente temprano, Rosana fue a Rafael y le dijo:

– Hace mucho tiempo, Rafael solicitó permiso para visitar a Lalau Fónico, en la prisión. Hoy la obtuve, Leonardo me acompañará. ¿No quieres ir con nosotros?

– Sí, quiero.

– Iremos por la tarde, espera aquí.

Rafael estaba ansioso. Leonardo le dijo que Onofre le había dicho que Américo y Laura aun no habían decidido nada. La visita lo distraería. Entonces, lo que tenía que hacer, lo haría con mucho gusto. Ahora todo lo que quedaba era esperar.

A la hora señalada, los tres se encontraron y volvieron a la Tierra. Primero, pasaron por la granja familiar de Rosana. Doña Balbina estaba postrada en cama y su corazón estaba débil. Lo que la mantuvo encarnada fue la esperanza de ver resuelto el problema de dónde dejar a sus nietos. Rezó suavemente, escucharon con emoción.

– Rosana, mi nieta, tú que haces tantos milagros con extraños, ¿no puedes ayudar a tu abuela y hermanos? Moriré y los dejaré sin nada, sin nadie. Ciertamente irán a un orfanato. ¿Qué será de ellos? ¿Se quedarán juntos? ¿Alguien los cuidará? Me preocupo mucho, que Jesús nos ayude y envíe a sus ángeles para que me ayuden. Ave María...

– Si pudiera esta hora, me arrodillaría y rezaría a los pies de mis padres para estar con ellos. Sería bueno para los cuatro. ¡Ah, si pudieran verme! – Rafael exclamó con emoción.

– Calma, Rafael – dijo Leonardo –, no puedes obligar a nadie.

– La abuela me lo pide, ¿Qué puedo hacer? Nada, eso me inquieta. La quiero mucho – dijo Rosana.

– Lo que se puede hacer está siendo hecho – dijo Leonardo firmemente a sus amigos –. Ahora veamos a Lalau.

Es muy triste visitar una prisión. El Asilo Judicial donde estaba Lalau, visto por los encarnados, era un lugar donde las personas con enfermedades mentales peligrosas servirían y se recuperarían. Pero ellos vieron más allá. Muchos de los desencarnados estaban allí con los encarnados, que se encontraban en serias obsesiones de venganza. Otros desencarnaron allí y permanecieron errantes en el sufrimiento.

Los tres amigos fueron recibidos por uno de los trabajadores desencarnados que periódicamente ayudaban a ese lugar.

– ¡Buenas tardes! Soy Elías, ¿en qué puedo servirles?

Leonardo explicó el motivo de la visita y agregó:

– ¿Podrías mostrarnos el edificio? Explicar cómo es tu trabajo, los siervos de Jesús, en este lugar de sufrimiento.

– Será un gusto. Lalau se sentirá aliviado. Solo recibe una visita de su madre encarnada que viene a verlo una vez al mes.

Vieron todo el edificio. Rafael y Rosana se sintieron aprensivos, nunca imaginaron que sería tan triste. Elías aclaró:

– Todos los prisioneros son seres peligrosos para la sociedad. Todos los criminales. Muchos tienen varios crímenes. Los encarnados que trabajan aquí necesitan algunos cuidados y los medicamentos que usan son fuertes.

– ¿Serán curados? ¿Serán encarnados? ¿Son conscientes de sus errores?

Elías sonrió ante las numerosas preguntas de Rafael.

– Es difícil de sanar. Desafortunadamente, solo el material enfermo es visto por los médicos. De hecho, están realmente enfermos espiritualmente. Son confusamente conscientes de sus crímenes y errores. Nuestro trabajo, el mío y el de dos compañeros, es difícil.

– Veo que casi todos tienen compañía con hermanos necesitados desencarnados – dijo Leonardo –. Los desencarnados están tan cerca de los encarnados que parecen musgos en la pared.

– Es verdad. Muchos están obsesionados con sus víctimas, quienes aun no los han perdonado. Otros ya estaban obsesionados cuando cometieron crímenes. Nuestro trabajo se vuelve difícil porque estas posesiones son aceptadas por el encarnado.

Elías se detuvo un poco y continuó aclarándolos suavemente:

– Si el encarnado tenía una actitud de bondad, no habría obsesión. Si todos siguieran las enseñanzas de Jesús, quien recomendó que amemos a los enemigos, oremos por los perseguidores y los calumniadores, no habría forma que un hermano obsesione a otro. Porque si esta fuera la actitud de uno de los encarnados que está aquí, serviría como una guía para el obsesor desencarnado y luego no podría maltratarlo. Somos los que elegimos nuestras compañías.

– ¿Muchos tienen remordimiento? – Preguntó Rosana

– Algunos lo hacen y es a través del remordimiento destructivo que a veces permiten que los desencarnados se venguen. Otros no sienten remordimiento, se rebelan y luchan constantemente con los desencarnados que los obsesionaron.

– ¿Intentan ayudar a estos desencarnados? – Preguntó Rafael.

– Sin duda. Nuestro trabajo es despertarlos del odio en el que están inmersos, perdonar, dejar a los encarnados con nosotros en el Plano Espiritual, donde aprenderán a vivir en el Bien.

Rafael se sorprendió por las formas grotescas, desencarnadas y animalizadas. Los encarnados tampoco se veían bien. Caras dementes, se rieron estúpidamente diciendo frases incoherentes. Ningún encarnado los vio ni a los desencarnados que vagaron por allí. Algunos desencarnados estaban tan entrelazados con los encarnados que daban la impresión de dos, o tres espíritus en un cuerpo.

Llegaron a la celda de Lalau. Era diferente, tenía la cabeza afeitada, los ojos saltones y la cabeza y las manos magulladas. Hablaba en voz baja, con su voz desagradable, los nombres de sus víctimas.

– Lalau es uno de los pocos pacientes que no es obesionado. Sus tres víctimas lo perdonaron. Cuando vino aquí, dos espíritus estaban con él, enemigos de otra existencia, exigiendo venganza. Dijeron que Lalau, en la vida pasada, los mató y no fue castigado. Estos dos espíritus cuando vieron que él se quedaría aquí hasta que se desencarnara se fueron y lo dejaron.

– ¿Podrían estos dos espíritus haber ayudado en los crímenes de esta encarnación? ¿Podrían los dos haber animado a Lalau? – Leonardo le preguntó a Elías con curiosidad.

– Nadie nos obliga a nada. Las personas desencarnadas pueden ayudar a encarnados afines a cometer crímenes. Si esto sucede, ambos son culpables y serán responsables por sus errores. Pero, repito, dije afines. Es imposible inducir a alguien que no es afín a que cometa delitos. Lalau, en su existencia anterior, asesinó a tres personas y se salió con la suya. Cuando desencarnó, sufrió mucho a manos de dos vengadores, que lo siguieron en esta encarnación. Podría haber sido bueno en esta encarnación, las oportunidades que tuvo, pero el crimen es como una adicción que debe ser liberada. Los dos espíritus se cansaron de la venganza y no fue difícil llevarlos a un aprendizaje. Estos dos espíritus querían que Lalau sufriera, que fuera a prisión, pero no lo obligaron a cometer nuevos crímenes. Los cometió sabiendo que estaba mal. Lalau está enfermo, el remordimiento lo castiga, tiene crisis, a veces de rebeldía, a veces de remordimiento. En crisis fuertes, aplaude y se golpea la cabeza contra la pared, ayer tuvo una. Cuando tiene crisis, hasta que las enfermeras encarnadas pueden ayudarlo, siempre se lastima.

– ¿Puedo rezar por él? – Preguntó Rosana

– Claro, oremos todos juntos – dijo Elías.

Rezaron por él, Lalau se calló, dejó de hablar, se sentó y relajado, por un momento estuvo tranquilo.

– ¿Qué le sucederá cuando su cuerpo físico muera?

– ¿Tardará mucho en desencarnarse? – Preguntó Rafael.

– Creemos que no pasará mucho tiempo en el cuerpo físico. Él toma medicamentos fuertes para tranquilizarse. El aislamiento y el remordimiento quitan la voluntad de vivir. No es fácil vivir con remordimiento. En cuanto a lo que le puede pasar después de la muerte del cuerpo, dependerá mucho de sí mismo. Si continúa en este remordimiento destructivo corre el riesgo de dañar el periespíritu. Por lo general, conscientes de sus errores, estos crímenes duelen tanto que incluso pueden dañar el cerebro periespiritual. Allí, solo una encarnación deficiente puede sanarlos. Si acepta ayuda, tendrá un largo período de tratamiento en hospitales en el plano espiritual donde podrá recuperarse. Si no acepta ayuda, vagará cada vez más en peor estado. Todos los que han desencarnado aquí son rescatados, solo que son libres de quedarse o no en el Puesto de Socorro donde los llevan. Muchos no se quedan, algunos regresan aquí, otros deambulan por el Umbral y las casas antiguas. Otros, aun más imprudentes, persiguen a sus víctimas y verdugos.

– ¿Podré ayudarlo? – Preguntó Rosana

– Claro, reza por él, ven a visitarlo – dijo Elías.

– ¿Y cuándo desencarne? ¿Podría ayudarlo?

– Por supuesto, es suficiente querer – respondió Elías sonriendo.

– Aprenderé – dijo Rosana con determinación – Le ayudaré a recuperarse.

Lalau comenzó a hablar de nuevo, su voz cacofónica y rítmica molestó a otros pacientes que pronto gritaron incómodos. Comenzó a hablar suavemente, repitió el nombre de Rosana muchas veces.

– Mil veces ser víctima del mal que ser el malvado.

¡Cómo sufre Lalau! – Exclamó Rosana conmovida.

Agradecieron a Elías, abandonaron el edificio sin hablar y volvieron a la Colonia.

XXVI
El retorno

Onofre les dijo a sus amigos que Américo y Laura aun no habían decidido nada y que pasarían la noche en la capital del estado donde residían. Irían a la granja por la mañana. Acordaron ir primero a la granja de doña Balbina y ver qué estaba pasando allí. ¿Estaba doña Balbina realmente enferma? ¿Ella quería dar a los niños en adopción? La pareja aun tenía muchas dudas.

– Alentémonos – agregó Onofre –, que están listos para verificar y, si todo está confirmado, será otra prueba de la autenticidad del mensaje.

Faltando dos horas para que sus padres llegaran a la granja, Leonardo, Rosana y Rafael fueron a ellos. La tarea de Onofre había terminado, se despidieron con abrazos y agradecimientos. Con alegría, Rafael escuchó a sus padres hablar.

– Américo – dijo Laura – podría ser cierto que doña Balbina está dando a los niños en adopción y que podemos quedarnos con ellos. Sería la voluntad de nuestro Rafael. Me los imagino viviendo con nosotros. Mi hijo tiene razón, dos niños alegrarían nuestra casa.

– Siempre quise tener muchos hijos, no pude tener ninguno.

Antes teníamos a Rafael, a quien amo como si fuera mío. Ahora, la idea también me agrada. Estábamos atrapados en nuestro dolor al no darnos cuenta de lo que sucedía tan cerca de nosotros. Éramos amigos de Rodolfo e Ivone, eran buenas personas, honestos y amables. Los niños son hermosos, sería un dolor separarlos. Ciertamente están muy unidos. Estaba pensando, antes que Rodolfo alquilara la granja. Ahora, solo con el viejo Francisco trabajando, no debería dar ningún ingreso. Realmente parece que ya no tiene una familia, o si no la tiene, no ayudan.

– Nunca he estado tan emocionada desde que Rafael falleció. Américo, ¿qué piensas de nosotros como espíritas? Hemos vivido lejos de las religiones. El Espiritismo me pareció consolador. ¡Qué hermosa doctrina!

– Estaba a punto de contarte sobre esto. Realmente me gustó lo que vi sobre el Espiritismo. Podemos asistir al Centro Espírita en la ciudad. Nunca he visto una religión decir las cosas correctas. Siempre sentí que no terminamos con la muerte, ya que tampoco creo que la idea de ir al cielo o al infierno sea correcta. ¿Y el mensaje? – Pregunta Américo cambiando de tema.

– Así que estamos de acuerdo, no hablaremos del mensaje a nadie. Será nuestro propio tesoro. Un secreto. Si hablamos, querrán ver, leer y conocerán nuestro secreto.

– Haremos esto, diremos que fuimos y que no fue posible recibir el mensaje y que solo escuchamos que él está bien.

Rafael estaba feliz, sus padres hablaron con entusiasmo. La tristeza que los había dejado en una nube gris había desaparecido. Se estaban acercando a las granjas y Rosan parecía ansiosa. Se calmó rezando. Leonardo vibró en silencio para que todo saliera bien.

En lugar de ir directamente a su casa, se detuvieron primero en la granja de doña Balbina. Detuvieron el auto y salieron. Vieron a los gemelos en la puerta.

– ¡Son lindos! – Exclamó Laura –. ¡Están vestidos de manera simple!

– ¡Tan pequeños y huérfanos! Viven solos con su abuela enferma. Laura, no olvides lo que hemos acordado, tocaremos el tema con diplomacia, podemos ofender a doña Balbina.

Juancito y Janete vinieron a recibirlos.

– Hola doña Laura. Hola señor Américo. ¿Viniste a visitar a la abuela? – Preguntó Janete con una sonrisa triste. Ella no está bien. El Dr. Sérgio ya ha venido a verla temprano.

– Si, vinimos a verla – respondió Américo –. ¿Qué está haciendo? ¿A qué juegan?

– No estamos jugando – respondió Juancito –. Estamos tristes. La abuela, además de estar enferma, está preocupada. Parece que ella va a morir como Rosana, papá y mamá.

Laura había comprado dulces y chocolates en la capital pensando en dárselos, ofreció el paquete sonriendo.

– Tomen algunos dulces y bombones.

Lo agarraron rápido y fueron a sentarse junto a la puerta. Distraídos, compartieron los dulces.

Marita la criada, escuchando conversaciones, se fue para el área.

– Buenos días Sr. Américo. Buenos días doña Laura. ¿Cómo están? ¿Acaban de llegar de viaje? Qué agradable sorpresa verlos aquí. Todavía no habían visitado a doña Balbina.

– Buen día – respondió Américo –. Sabes, hemos sido como animales salvajes desde que Rafael murió.

– Yo sé cómo es esto. Ha habido muchas muertes en esta casa.

– Marita, ¿cómo está doña Balbina? – Preguntó Laura.

¿Es cierto que ahora realmente se enfermó, que es grave?

– Gravísimo – respondió Marita tristemente –. Doña Balbina espera un milagro para morir en paz. La pobre sufre y todos sufrimos.

Marita iba a dejar de hablar, pero Leonardo interfirió. Colocó la mano en su frente, fijó su mente en la de ella y Marita escuchó dulcemente la súplica de nuestro amigo y continuó hablando.

– Ya sabe, Sra. Laura, las cosas no van bien aquí. Doña Balbina no tiene dinero, ni siquiera para medicinas ni para la comida. Los niños, pobres, necesitan ropa y juguetes. A Francisco y a mí no nos han pagado durante tres meses, simplemente no lo dejamos en consideración, hemos estado trabajando aquí durante tanto tiempo. Francisco recibe la jubilación, pero es poco, necesita el dinero de su trabajo. Ni siquiera tengo otro ingreso, solo estoy aquí porque no tengo el coraje de dejar a doña Balbina así, tan enferma. También porque los tengo como mi familia. Los vecinos nos han ayudado, traen comida. El Dr. Sérgio, además de no cobrar visitas, trae los medicamentos.

– ¿Qué tiene doña Balbina? – Preguntó Laura.

– Es el corazón. Siempre estaba enferma, pero ahora empeora. Ni siquiera puede levantarse de la cama.

– Dijiste que ella espera un milagro – dijo Américo, tocado –. ¿Cuál es?

– Que alguien se quede con los gemelos para que pueda morir en paz. Con la muerte de doña Balbina, solo quedan dos niños en la familia. Mi ama teme que con su muerte los dos estén solos o separados, cada uno yendo a una casa o a un orfanato. Ella no los quiere en el orfanato. Pensamos en quedarnos con ellos, pero Francisco es demasiado viejo y pobre. Yo no tengo dónde quedarme. Me importan mucho, pero no sé qué hacer. Doña Balbina ha estado orando mucho, pidiéndole a Dios que alguien que sea bueno se quede con ellos y los crie en el Bien y no los separe. Le he estado pidiendo a Rosana. Ella hace tantos milagros. Dios podría permitir que Rosana haga esto una vez más, después de todo, los dos niños son sus hermanos.

Laura le estrechó la mano a Américo, se miraron,

Laura se secó las lágrimas.

– ¡Qué tristeza, Marita!

– ¡Sí! También ustedes han sufrido, perdieron a su único hijo, están solos y aquí dos niños han perdido a familiares y están o estarán solos.

Marita respiró hondo, los padres de Rafael también suspiraron.

– ¡Como es la vida! – exclamó Américo –. ¡Quedaron huérfanos de padres, nosotros huérfanos por un hijo!

Usó la expresión que Rafael había usado en el mensaje. De la mano, entraron en la casa, siguieron a Marita emocionados a la habitación de doña Balbina.

XXVII
La adopción

La habitación de doña Balbina estaba a oscuras. Pero, la pareja pudo ver que todo era simple y que la paciente era muy diferente, de edad, con el cabello blanco, muy delgada y respirando con dificultad. Los padres de Rafael llegaron lentamente cerca de la cama. Doña Balbina abrió los ojos y dijo:

– Rosana, Rosana, ¡ayúdame! Rosana...

– Me estás confundiendo con tu nieta – le dijo Laura a Américo.

Se acercó y habló más fuerte:

– Soy Laura, tu vecina. ¿Cómo está, señora?

– Sí, Laura, por supuesto que te recuerdo. Disculpa, pensé que eras Rosana.

– ¿Ves a tu nieta? – Preguntó Américo. ¿Está aquí con nosotros?

– ¿Américo crees que puedo verla?

– Sí.

– La veo, ella entró aquí contigo, está con un chico en jeans y una camisa a rayas blancas y azules.

Laura le susurró a su esposo.

– Era el atuendo favorito de Rafael.

– ¿No es Rafael? – Preguntó Américo. ¿Lo recuerdas?

– ¿Rafael? Sí, es él.

Doña Balbina hablaba con dificultad, estaba cansada, se detuvo por un momento. Américo y Laura se miraron con emoción. Laura le dijo a su esposo suavemente.

– Rafael está aquí, nos acompañó. ¡Estoy feliz!

– También creo, no lo veo, pero siento su presencia.

Laura tomó la mano de doña Balbina y dijo movida:

– ¿Como está, señora?

– No estoy bien. No le temo a la muerte, me preocupo por los gemelos.

– De eso es de lo que vinimos a hablar contigo – dijo Laura, hablando lentamente –. Queremos quedarnos con ellos. Queremos ambos como nuestros hijos.

Queremos adoptarlos como hijos legítimos. Como sabe, solo tuvimos un hijo, Dios se lo llevó, estamos solos. Le hemos pedido a Dios consuelo. Creo que Él nos está dando mucho más, nos está dando dos hijos. Doña Balbina, nos conoces desde hace mucho tiempo, sabe que somos honestos y trabajadores. Si nos dejas, quisiéramos quedarnos con ellos.

– Le prometemos que no los separaremos – dijo Américo –, que serán nuestros hijos. Que cuidaremos de ellos, los educaremos y los haremos buenas personas, como haríamos con nuestro Rafael.

Doña Balbina no pudo contener las lágrimas. Después de un momento de silencio, ella dijo:

– Sabía que mi Rosana me escucharía. Sentí que, si pudiera, encontraría a alguien para quedarse con los niños. Gracias Dios mío, gracias Rosana y Rafael. Ciertamente no vinieron aquí por nada. Sí, lo permito, ahora entrego a los niños. No necesitan prometer nada, los conozco bien y confío en ustedes. Les doy mis tesoros.

Los cuatro lloraron, porque Marita se había quedado en la habitación. Rosana y Rafael se tomaron de las manos tratando de agarrarse para no llorar en voz alta. Pero, la emoción era demasiado fuerte. Después de unos minutos, todos se controlaron y fue Marita quien habló apresuradamente.

– El señor Américo, el juez de la ciudad vecina, Comarca, está en la ciudad visitando a un pariente. Tal vez ya podría encargarse de los documentos o decirle cómo se puede hacer la adopción.

– Ya voy para allá – dijo Américo entusiasmado –. Doña Balbina, pagaré todas sus deudas. Podemos ayudar y queremos. Pagaré a los empleados y cuando te mejores, te llevaremos a vivir con nosotros. Y Marita y Francisco trabajarán en mi granja.

– ¡Oh, Américo! ¡Dios los bendiga! ¡Gracias! Pero no voy a mejorar. Voy a morir, me siento en paz ahora. Vayan y hablen con el juez, a ver lo que hay que hacer. ¡Dios te pague por todo!

– ¿Me puedo llevar a los niños ahora? – Preguntó Laura.

– Sí, pero primero tráigalos aquí para que pueda verlos nuevamente.

Marita fue a buscarlos.

Juancito y Janete entraron tristes.

– ¿Quieres vernos abuela? – Preguntó Janete.

– Sí – dijo doña Balbina, luchando por hablar –. Saben, queridos, debo irme a vivir pronto con su padre, su madre y nuestra Rosana. No lloren, estoy vieja y enferma. Quiero que se regocijen, que no estén tristes por mi culpa. Rosana, siempre tan amable, manejó y encontró nuevos padres para ustedes. Américo y Laura no tienen hijos, son buenas personas y quieren cuidarlos. De ahora en adelante, vivirán en su casa. Ahora vayan con ellos, sean obedientes y amables. ¿Lo prometen?

– Sí – dijo Juancito.

– Te prometo abuela, seré amable y cuidaré de Juancito – dijo Janete.

– Pueden irse.

Los niños besaron a la abuela, que se quedó tranquila y dijo con calma:

– ¡Dios los bendiga!

Solo Américo se quedó en la habitación. Marita y Laura fueron a empacar la ropa de los niños. La madre de Rafael estaba triste, tenían tan poca ropa. Los niños esperaron sentados en el sofá de la sala de estar, estaban asustados. Pasaron diez minutos. Con todo listo, Américo llevó a Laura y a los niños a su granja, los dejó allí y se fue a la ciudad. Fue a ver al juez y le pidió orientación sobre cómo quedarse con los niños. Américo estaba feliz, por primera vez desde la desencarnación de Rafael se sintió en paz.

En el lado espiritual, todos estaban tranquilos monitoreando los eventos.

Rafael estaba orgulloso de sus padres.

– Leonardo – dijo Rosana – ¿podemos quedarnos con la abuela? Quiero darle fuerzas hasta que venga el juez.

– Nos vamos a quedar, vamos a seguir los acontecimientos. Pero si Rafael quiere, puede ir con su padre.

– Sí quiero, gracias.

Rafael acompañó a su padre. Américo pronto encontró la casa donde estaba el juez. Pidió hablar con él. Explicó en pocas palabras lo que quería.

– Quiero adoptar unos niños. Con la muerte de doña Balbina, ellos estarán solos.

– La documentación lleva mucho tiempo. Pero para ayudarlo, puedo ir con dos testigos para hablar con esta señora ahora y escuchar de su boca que les está dando en adopción a los niños.

Los familiares que visitó el juez fueron con ellos. Américo abrió el camino. Entró y le dijo a Marita que estaba esperando en la puerta.

Américo fue a la habitación del paciente y explicó:

– Doña Balbina, el juez está en la ciudad y viene aquí. Prometió ayudarnos con la adopción de los niños. Viene a escuchar que los dejas con nosotros.

Doña Balbina declaró con la cabeza que entendió. Empeoró, ya que ahora sabía que los niños iban a tener a alguien con quien quedarse. Dejó de luchar con la muerte. Parecía una vela que se apagaba lentamente.

Pronto, el juez entró en la habitación, doña Balbina dijo con gran dificultad:

– Señor juez, gracias por venir. Que pueda ayudar a Américo y Laura a adoptar a Juancito y Janete. Dejo a los niños que solo me tienen a mí, con ellos.

– No tienes que preocuparte. Ayudaré al Sr. Américo a quedarse con los niños. Los dos huérfanos serán adoptados.

Viendo la mujer enferma que respiraba con dificultad, se despidieron y salieron de la habitación.

– Gracias, Américo – dijo la mujer moribunda.

– Creo que todos deberíamos agradecer a Dios, Rosana y mi Rafael – dijo Américo conmovido.

No se fue, sino que se sentó junto a doña Balbina. Ella sentía que su vecina pronto moriría. Marita también se quedó. La fiel criada, amiga de tantos años, estaba adivinando que su empleadora no tardaría en irse al plano espiritual.

XXVIII
Desencarnación de Balbina

Llegó un equipo de rescatistas, que ayudan en la desencarnación de personas buenas, solo personas que hacen lo que se merecen. Después de los saludos, comenzaron a trabajar. Los lazos que unían el cuerpo físico con el periespíritu de doña Balbina eran débiles, debido a su prolongada enfermedad. El equipo de tres rescatistas comenzó la delicada operación con gran cuidado. Estos trabajadores fueron muy amables. Leonardo, Rosana y Rafael, rezando, siguieron el trabajo de estos misioneros de la Luz. Uno de los trabajadores llamó a Rosana.

– Rosana, ven, quédate cerca. Dejaremos que seas tú la primera persona que abrace a doña Balbina, que ella vea.

– Vamos – dijo Leonardo alentadoramente.

Rosana se quedó a un lado, encontró en sus amigos la fuerza para estar tranquila, rezó, una luz plateada la envolvió.

Doña Balbina abrió los ojos y dijo, en el último esfuerzo, palabras que Marita y Américo escucharon conmovidos.

– ¡Rosana qué hermosa!

Cerró los ojos en silencio. Y su respiración dificultosa se detuvo. Hubo un silencio que duró unos minutos.

– ¡Marita, doña Balbina murió! ¡Descansa! ¡Qué Dios y sus ángeles te dan la bienvenida a su nuevo hogar! – Dijo Américo secándose las lágrimas. Marita también lloró.

– ¿No dijo que solo estaba esperando el milagro? Simplemente dejaba a los niños contigo, que son buenas personas, para morir.

Américo no dijo nada, se levantó y fue a organizar el funeral.

Pero, en el lado espiritual, la emoción fue general. Doña Balbina continuó por un momento para ver a Rosana, quien le dijo a su abuela con gran afecto:

– Se acabó, abuela querida, tu cuerpo murió y ahora está más viva que nunca. Todos estaremos juntos. Cálmate, ven conmigo, abrázame, y duerme...

Ella la abrazó. Doña Balbina sonrió con calma y se durmió en los brazos de su amada nieta.

Los rescatistas continuaron su trabajo. Pronto doña Balbina quedó libre. Rosana, con la abuela en sus brazos acompañó a los rescatistas. Llevaban a doña Balbina a un hospital en la Colonia, donde se recuperaría de su larga enfermedad. Ahora estaría entre su hija, yerno y su querida nieta.

Leonardo y Rafael se quedaron.

– Rafael – dijo el amigo instructor – quédate aquí rezando, le voy a dar a Marita un pase que siente mucho la desencarnación de su empleadora y al señor Francisco, que no oculta sus lágrimas.

Leonardo, con todo cariño, fue hacia ellos, los consoló, los tranquilizó con palabras reconfortantes que sintieron con el alma.

Algunos amigos vecinos llegaron con el Dr. Sérgio que examinó y notó la muerte de doña Balbina. Con pena, comenzaron a hacer los preparativos.

– Vamos Rafael – Leonardo lo llamó –, no tenemos nada más que hacer aquí.

Salieron al patio frente a la granja. El curioso Rafael le preguntó a su maestro sobre todo lo que había visto.

– ¿Ocurre esto con todas las personas que desencarnan? ¿Es así con todos los que vimos ahora?

– Infelizmente no. Cada uno tiene la desencarnación que se merece. Desencarna como vivió. Si la persona fue buena, tiene una buena desencarnación, como la que vimos. Los equipos de rescate atienden a un pequeño número de personas. Los que quieren servir, los siervos de Jesús, superan en número a los que quieren ser servidos.

– La desencarnación de doña Balbina fue tan hermosa que me emocionó ver a Rosana con ella. Leonardo, todas las desencarnaciones podrían ser así.

– Doña Balbina estaba al tanto de la muerte del cuerpo, no tenía miedo a la desencarnación, porque tenía la conciencia tranquila, en paz, sin errores. Fue buena, hizo el bien, practicó la caridad, vivió pensando mucho más en los demás que en sí misma. Cosechando de buena plantación. Quien planta el Bien, ya en la desencarnación, cosecha buena semilla. También me conmovió la desencarnación de doña Balbina. Sería bueno si todas las desencarnaciones fueran así. Pero, desafortunadamente no es posible. La mayoría de los encarnados cuando se acercan a la muerte física, temen sus errores, se ven perturbados. Muchos aman tanto lo material que el cuerpo muere, pero permanecen unidos a él con temor. No se les puede ayudar porque no quieren o no aceptan ayuda. Muchos hermanos, Rafael, están enterrados con el cuerpo y ven a los gusanos comerlo desesperadamente. ¡Es muy triste presenciar estos hechos! Son los imprudentes aquellos que vivieron encarnados solo pensando en sí mismos. A veces, estas personas imprudentes no hicieron tanto mal, pero no hicieron el bien. Dejaron bienes espirituales en el fondo.

– Leonardo ¿y los malos?

– El mal es una carga enorme y un lodo que impide la ayuda. Solo se depura después de sufrir mucho.

– ¿Van a ir al Umbral?

– Ciertamente. El Umbral existe porque hay personas que lo pueblan. Siempre vamos a lugares similares. Es la ley de la atracción. Los similares sintonizan. Entonces, mi estudiante, los encarnados se diferencian por la forma de vida, siendo por libre albedrío buenos y malos, teniendo diferentes formas de desencarnación. Para el bien, aquellos que fueron siervos de Jesús, la desencarnación es suave y pacífica. Para los malos, la desencarnación trae un gran sufrimiento. Además, en este momento no puedo dejar de recordarte que, para muchos, la desencarnación es felicidad y certeza de una mejor existencia. Para otros, aquellos que tienen todos sus sueños de placeres en la existencia física, dejar todo para la desencarnación es un castigo que los aterroriza.

– Nunca había visto una desencarnación. ¡Qué bueno que la primera que vi fue de una buena persona que podría ser ayudada!

Estuvieron en silencio por un momento, observando la naturaleza siempre hermosa. Rafael tenía curiosidad por saber cómo estarían los niños con su madre. Le preguntó a Leonardo:

– ¿No podemos ir a casa por un rato?

Quería ver cómo está mi familia con los nuevos miembros.

Fueron a su casa.

Juancito y Janete estaban sentados en la sala. Laura les dio algunos juguetes de Rafael. Pero no jugaron, solo los miraron, estaban tristes. Américo ya le había dicho que su abuela había muerto. Los dos niños estaban hablando.

– Vamos a estar juntos – dijo Juancito – Tengo miedo de dormir sin ti. Tía Laura dijo que dormiremos en la misma cama hasta que nos acostumbremos. Ella es buena, ¿no es así, Janete?

– Y sí, nos dio dulces, galletas, dijo que podemos comer lo que queramos. Nos comprará ropa nueva y bonitas zapatillas de deporte. Pero creo que Juancito vas a extrañar a la abuela. Ibas a tomar su bendición todas las noches. La amo tanto

– ¿Por qué es – dijo Juancito en serio – que la gente muere? La abuela dijo que se fue a vivir con papá, mamá y Rosana. ¿Por qué no fuimos? ¿No podríamos seguirla? ¡Sería genial vivir con ellos en el cielo!

Laura estaba ocupada en la cocina. Quería complacerlos, les hizo un budín que a Rafael le gustaba tanto. Pero en todo momento fue a la habitación para verlos y asegurarse que estuvieran bien. Escuchó lo que dijeron, sintió lástima infinita y pensó:

"Los dos tan pequeños, tan sufrientes, tal vez tienen miedo. Aquí todo es extraño para ellos."

Rafael abrazó a su madre y le preguntó: "habla con ellos." Intuida por su hijo, Laura les dijo cariñosamente a los niños:

– Juancito, Janete, Dios es demasiado bueno. Aun no entendemos sus deseos. A veces la muerte parece injusta. Pero, no hemos terminado, somos eternos, dejamos este mundo para vivir en otro lugar. ¿Ustedes saben? Tenía un hijo hermoso, también murió. Estábamos tristes aquí, hasta que Dios nos envió a ustedes. No podemos ir con ellos todavía, todos tienen su propio tiempo para dejar este mundo. Tenemos que quedarnos aquí todo el tiempo que Dios quiera. Tu abuela está en el cielo. Todos están allí juntos y nosotros estamos juntos aquí. Ellos serán felices allí y ustedes aquí.

Pueden dormir juntos cuando quieran. El tío Américo y yo haremos todo lo posible para hacerlos felices. Y ahora, ¿quieren dulces? Genial, vamos a la cocina.

Los niños oyeron un silencio. Entendieron el discurso silencioso del amor más que las complicadas palabras para ellos en ese momento. Sonrieron tímidamente, asintiendo con la cabeza que aceptaron los dulces.

– Rafael – dijo Leonardo, este es un hogar. Hoy, no solo vino el consuelo, sino también la alegría y la felicidad. Pronto los niños se acostumbrarán. ¿Vamos?

Rafael los miró con amor. Aunque sabía que no lo habían visto, le envió un beso.

Regresaron tranquilamente a Colonia.

XXIX
Final feliz

Cinco días después, Rafael pudo visitar a doña Balbina en el hospital con Rosana. Estaba en la cama, el cansancio había desaparecido y respiraba con calma. Estaba feliz y alegre.

– ¿Cómo estás, doña Balbina? ¿Te acuerdas de mí? Soy Rafael, hijo de Américo.

– Por supuesto que recuerdo, estaba con tus padres cuando decidieron quedarse con mis nietos. Estoy muy bien, gracias. ¿Y tú cómo estás? ¿Eres amigo de mi nieta?

– Si Rosana y yo somos amigos

Ellos hablaron por unos quince minutos. Pensando que doña Balbina necesitaba descansar, se despidieron. Se dirigieron al jardín. Rosana le dijo a Rafael:

– Pronto la abuela estará bien, vivirá con mis padres, trabajará y estudiará. Y gracias a tus padres, mis hermanitos están juntos y serán felices.

– Sabes, Rosana, temía tanto que mis padres no aceptaran mi sugerencia. ¿Alguna vez has pensado si no respondieran a mi llamada?

– Juancito y Janete irían inevitablemente a un orfanato y sus padres permanecerían solos y tristes. Los niños les harán bien, los animarán y les harán bien por mis hermanos, cuidándolos y dándoles educación a ambos. Les estoy muy agradecida y a ti Rafael.

– Todos estamos bien, solo irán mal Lalau y Joaquim, mi padre. Sembraron tantas espinas que la cosecha no será fácil. Tendrán que reencarnar algún día – dijo Rafael pensativo.

– Nosotros también. Hasta que hagamos todo lo que se elija, hasta que nos demostremos a nosotros mismos que estamos libres de nuestros vicios y defectos, hasta que seamos siervos del Padre y lleguemos a la cosmificación, tendremos que reencarnar.

– ¿No podemos ayudarlos a educarse? No podemos unirnos encarnados y ayudarlos – Rafael dijo avergonzado.

– ¿Realmente quieres unirte a mí?

– Quiero, creo que siempre te amé y te amaré.

– Yo también. Estoy feliz de pensar en esta posibilidad. ¿Será que es posible? Preguntémosle a Leonardo. Si podemos unirnos y recibir a estos dos como niños para tratar de educarlos...

Lo antes posible, fueron a hablar con Leonardo y plantear sobre sus deseos y sueños.

– Si, es bastante posible. El amor puro, el amor espiritual que une a dos seres aquí, puede continuar cuando se reencarnen en la Tierra. Si están unidos por este amor, pueden planear sus encarnaciones, pueden elegir familias conocidas o amigos, o pueden encarnar cerca el uno del otro. A la edad adecuada, este amor florecerá y seguramente se casarán. En cuanto a recibir a Joaquim y Lalau cuando sean niños, es conmovedor. Reencarnados y tenerlos como padres, tendrán todas las oportunidades para educarlos y regenerarse.

– Sabemos que los dos no tardarán en desencarnar, los acompañaremos y haremos todo lo posible para ayudarlos – dijo Rosana –. Después que sean rescatados, recuperados, fijaremos una fecha para reencarnar, no tiene que ser pronto.

Mientras estudiaremos esto, trabajaremos aquí, afirmando en nosotros los preceptos cristianos, las lecciones evangélicas.

– También tendré que reencarnar un día – dijo Leonardo sonriendo –. ¿No me recibirán también como un hijo querido? Podría ser el hijo mayor y ayudarlos en la tarea de educarlos a ambos. Sé que tendré la mejor educación y mucho amor en mi ejemplo.

– ¡Oh, será maravilloso! – exclamó Rosana emocionada.

Como hubo mucho tiempo, dejaron los planes para el futuro, pero estaban decididos a unirse en la Tierra como cónyuges tiernos y recibir a los dos que necesitan una renovación, por parte de los niños. Se despidieron del amable instructor con confianza.

Pasaron dos semanas. Rosana y Rafael pidieron permiso para visitar a la familia encarnada. Leonardo dijo:

– Ustedes, mis amigos, ya tienen experiencia. suficiente para hacer este viaje solos. Vayan, tendrán dos horas para verlos.

Volitaron felices.

Bajaron a la granja de los padres de Rafael.

– Rosana, mira que las nubes de tristeza han desaparecido, El sitio está como era antes de mi desencarnación. ¡Tan bonito! ¿Vamos a entrar?

De hecho, las nubes de tristeza. y la angustia desaparecieron, el lugar volvió a ser feliz.

Primero, Rafael quería ver a su madre en la cocina, junto con Marita, preparándose el almuerzo. Laura estaba hablando con Marita.

– Marita, fue muy amable de tu parte venir con nosotros. A los niños les gustó tener a alguien cercano a ellos terminó con su desconfianza Ellos son felices, ¿no es así?

– Por supuesto. Ganaron tantas cosas hermosas, ropa y juguetes, y ahora comen bien. Doña Laura, estoy muy agradecida con usted y con el Sr. Américo. ¡Son tan buenos! Me están pagando bien y me han dado muchas cosas. Y estoy feliz de poder estar cerca de los niños. Los vi nacer, ayudé a cuidarlos, fui testigo de tantos eventos tristes en sus vidas. Lástima que Francisco no quería venir. Dijo que es demasiado viejo para trabajar.

– También me gusta tenerte aquí. Realmente necesito que alguien me ayude. Me gusta hablar contigo, antes estaba tan sola y triste.

Rafael felizmente besó a su madre. Laura estaba tranquila y con muchas tareas que la distraían. Fue a ver a los niños jugando en la parte delantera de la casa. Rosana y Rafael fueron juntos.

– Mamá – dijo Juancito – ¡mira qué hermoso! Lo mismo lo armé.

Laura se conmovió, porque los niños solo los llamaban tíos. Por primera vez, después de tanto tiempo, escuché a alguien llamarla de madre. Janete se rio a carcajadas.

– ¡Juancito, llamaste a tía Laura mamá!

Todavía conmovida, Laura acarició las cabezas de los niños. y dijo:

– Tu tienes papa y mami que vive en el cielo con mi Rafael. Los cuidamos como nuestros hijos. Para nosotros, ellos son nuestros hijos. Si quieres llamarme mamá, esto solo me hará feliz.

– Si es para que seas feliz, te llamaré mamá – dijo Juancito muy emocionado.

– Yo también – dijo Janete quien era muy inteligente. Si Rafael está con mi padre, mi madre, mi hermana y mi abuela, él tiene una familia allí. Mi padre y mi madre pueden ser sus padres allí, para que no esté solo. Tendremos dos padres y dos madres. También te voy a llamar mamá.

Laura se secó dos lágrimas, le encantaban esos niños, entendió que los gemelos eran regalos de Dios y de Rafael para ellos. La alegría había regresado a su casa. Regresó a la cocina. Rosana y Rafael observaron a los niños. Estaban vestidos, con ropa nueva, jugaban distraídos.

– ¡Están jugando con mis juguetes! – Exclamó Rafael alegremente –. Juguetes que jugaba tanto de pequeño. Qué lindo ver mis juguetes ahora animando a Juancito y a Janete.

– ¡Oh! Rafael, estoy muy feliz! Janete tiene razón. Somos una familia, ellos aquí y nosotros en el plano espiritual. Solo tengo que estar agradecida con el Padre. Verlos aquí y cuidarlos era todo lo que quería.

Américo llegó a almorzar, los niños, cuando lo vieron, sonrieron felices. Juancito le mostró orgulloso el juguete que armaron juntos.

– ¿No es hermoso, tío? ¿Puedo llamarte también papá?

– ¿Papá? Sí, claro mi hijo.

Américo los abrazó a ambos. El alegre trío entró en la casa. Las dos horas pasaron. Podrían regresar a menudo para visitarlos. Pero, esta visita dejó a los dos jóvenes entusiasmados. Se tomaron de la mano y hablaron al mismo tiempo:

– ¡Gracias Rafael!

– ¡Gracias Rosana! Ellos sonrieron felices.

Volitaron.

FIN

Libros de Vera Lúcia Marinzeck de Carvalho y Patricia

Violetas en la Ventana

Viviendo en el Mundo de los Espíritus

La Casa del Escritor

El Vuelo de la Gaviota

Vera Lúcia Marinzeck de Carvalho y Antônio Carlos

Amad a los Enemigos

Esclavo Bernardino

la Roca de los Amantes

Rosa, la tercera víctima fatal

Cautivos y Libertos

Grandes Éxitos de Zibia Gasparetto

Con más de 20 millones de títulos vendidos, la autora ha contribuido para el fortalecimiento de la literatura espiritualista en el mercado editorial y para la popularización de la espiritualidad. Conozca más éxitos de la escritora.

Romances Dictados por el Espíritu Lucius

La Fuerza de la Vida

La Verdad de cada uno

La vida sabe lo que hace

Ella confió en la vida

Entre el Amor y la Guerra

Esmeralda

Espinas del Tiempo

Lazos Eternos

Nada es por Casualidad

Nadie es de Nadie

El Abogado de Dios

El Mañana a Dios pertenece

El Amor Venció

Encuentro Inesperado

Al borde del destino

El Astuto

El Morro de las Ilusiones

¿Dónde está Teresa?

Por las puertas del Corazón

Cuando la Vida escoge

Cuando llega la Hora

Cuando es necesario volver

Abriéndose para la Vida

Sin miedo de vivir

Solo el amor lo consigue

Todos Somos Inocentes

Todo tiene su precio

Todo valió la pena

Un amor de verdad

Venciendo el pasado

Otros éxitos de André Luiz Ruiz y Lucius

Trilogía El Amor Jamás te Olvida

La Fuerza de la Bondad

Bajo las Manos de la Misericordia

Despidiéndose de la Tierra

Al Final de la Última Hora

Esculpiendo su Destino

Hay Flores sobre las Piedras

Los Peñascos son de Arena

Libros de Eliana Machado Coelho y Schellida

Corazones sin Destino

El Brillo de la Verdad

El Derecho de Ser Feliz

El Retorno

En el Silencio de las Pasiones

Fuerza para Recomenzar

La Certeza de la Victoria

La Conquista de la Paz

Lecciones que la Vida Ofrece

Más Fuerte que Nunca

Sin Reglas para Amar

Un Diario en el Tiempo

Un Motivo para Vivir

¡Eliana Machado Coelho y Schellida,
Romances que cautivan, enseñan, conmueven
y
pueden cambiar tu vida!

Romances de Arandi Gomes Texeira y el Conde J.W. Rochester

El Condado de Lancaster

El Poder del Amor

El Proceso

La Pulsera de Cleopatra

La Reencarnación de una Reina

Ustedes son dioses

Libros de Marcelo Cezar y Marco Aurelio

El Amor es para los Fuertes

La Última Oportunidad

Nada es como Parece

Para Siempre Conmigo

Solo Dios lo Sabe

Tú haces el Mañana

Un Soplo de Ternura

Libros de Vera Kryzhanovskaia y JW Rochester

La Venganza del Judío

La Monja de los Casamientos

La Hija del Hechicero

La Flor del Pantano

La Ira Divina

La Leyenda del Castillo de Montignoso

La Muerte del Planeta

La Noche de San Bartolomé

La Venganza del Judío

Bienaventurados los pobres de espíritu

Cobra Capela

Dolores

Trilogía del Reino de las Sombras

De los Cielos a la Tierra

Episodios de la Vida de Tiberius

Hechizo Infernal

Herculanum

En la Frontera

Naema, la Bruja

En el Castillo de Escocia (Trilogia 2)

Nueva Era

El Elixir de la larga vida

El Faraón Mernephtah

Los Legisladores

Los Magos

El Terrible Fantasma

El Paraíso sin Adán

Romance de una Reina

Luminarias Checas

Narraciones Ocultas

La Monja de los Casamientos

Libros de Elisa Masselli

Siempre existe una razón

Nada queda sin respuesta

La vida está hecha de decisiones

La Misión de cada uno

Es necesario algo más

El Pasado no importa

El Destino en sus manos

Dios estaba con él

Cuando el pasado no pasa

Apenas comenzando

Libros de Mónica de Castro y Leonel

A Pesar de Todo

Con el Amor no se Juega

De Frente con la Verdad

De Todo mi Ser

Deseo

El Precio de Ser Diferente

Gemelas

Giselle, La Amante del Inquisidor

Greta

Hasta que la Vida los Separe

Impulsos del Corazón

Jurema de la Selva

La Actriz

La Fuerza del Destino

Recuerdos que el Viento Trae

Secretos del Alma

Sintiendo en la Propia Piel

World Spiritist Institute
https://iplogger.org/2R3gV6

9 781088 238400

Printed by BoD™in Norderstedt, Germany